改訂新版

知る・わかる・うかる

はじめての簿記入門

倉島 進／川田崇之／中村智佐…………著

セルバ出版

は　じ　め　に

　会社を始めることを設立といいますが、その際に、事業のためにお金を用意しなければなりません。自分で用意する場合もあれば、その事業に賛同してくれる人からお金を集めることもあります。特に他人から集められたお金は、自分のお金と区別してキチンと記録していかなければなりません。なぜなら、自分だけのお金ではないからです。

　当然、これらのお金がどのようになったか。そして１年後どれだけ増えたのか、それとも減ったのか。これらについて、報告書を作成しなければなりません。なぜなら、お金を出した人は気になっているからです。

　事業を行っていくうえでは、さまざまな出来事があり、お金の出入りも活発になります。また、自分だけでなく多くの人がその事業に参加しています。

　このような状況では、１年後の報告書をつくるためには、毎日毎日、お金の動きをきちんと正確に記録しておく必要があります。

　このお金の動きを記録し、そして、報告書を作成する統一の方法を簿記といいます。

　簿記とは、「事業のお金の動きを記録、集計し報告するしくみ」です。

　本書では、この簿記のしくみをできるだけ体得しやすいように記述しました。企業の活動の数だけの仕訳があり、仕訳ができれば、簿記の学習はできたも同然です。次ページからは、簿記の流れに沿って会社活動の記録から報告書の作成までを解説をしていきます。

　さあ！　はじめましょう。

　簿記は、はじめが肝心です。最初にわからないと感じてしまったら、後は、つらいだけになってしまいます。その観点から、少ししつこいかもしれませんが、できる限り丁寧に記述しています。そして本書を読み終えたとき、日商簿記検定の３級程度の力はついているように設定しています。そのため、練習問題では、過去の日商簿記検定で出題された問題を一部変更して掲載しています。

　なお、本書の作成にあたって、問題の作成や全般にわたって校正をしてい

ただいた加島直美さん、土屋沙織さん、星野暁美さんに感謝いたします。

1人でも多くの方が、簿記の世界に関心を持ち、日商簿記検定の2級、1級へとステップされることを祈りつつ、本書がその足がかりになれば幸いです。

平成21年2月

改訂3版の発刊にあたって

本書をはじめて作成したときには、簿記を好きになる人が1人でも増えてほしい、簿記の学習は、最初の段階で何をやっているのかわからなくなり入り口で挫折してしまう人が多くいる、そのためには、できる限り優しい言葉で理解しやすい手順で書いた簿記の本が必要であると思っていました。

初版を発行してから、8年が過ぎました。その間に本書を利用して下さった多くの方から、内容についてのご質問やご指摘をいただきました。その中で「もっとこういう風に書けばよかった」とか「この順序のほうがわかりやすいかも」とかの思いが大きくなり、今まで何度か部分改訂を行ってきましたが、さらにわかりやすく、理解しやすくしたいとの思いをもって全面的に改訂することにいたしました。

また、日商簿記検定試験の出題範囲が、平成28年度に大幅に改正になりました。その改正は、単なる取引の仕訳をするという、いわゆる処理を問う問題から、簿記全体の仕組みの理解を問う問題へと変ってきています。。

簿記は、仕組みを理解してしまえば、決して難しいものではありません。なぜこの仕訳を行うのか？　なぜこの処理になるのか？　に注目して、1つずつ押さえていけば、ある日突然簿記の全体が見渡せるようになります。

簿記を学習し始めても、最初の難関である全体が見えない状況で嫌になり途中で投げ出してしまう人も多くいらっしゃいます。

そこで、本書では、最初に簡単に簿記の仕組みを理解してもらうところから始め、その次に一旦細かい論点を埋めていき、最後にもう一度全体を見渡せるようにと順番を考えて構成しています。そのため、最初はできるかぎりやさしい言葉で、丁寧に解説をしていますが、少しずつ解説のボリュームを減らしています。そして、本書をすべて読み終わったときには、簿記の仕組みを知らずと理解できるように導いています。

本書を手にされた方は、少なくとも、今から簿記を始めようと思った方でしょう。途中で投げ出すことなく、小説でも読む感覚で1ページずつ読み説

いてもらえば、いつの間にか簿記の世界に引きずられてしまうでしょう。

　さあ、最初の１ページを開いてみてください。

　最後に、本書を作成するにあたって、一言一句文言の修正や問題の校閲を
やってくれた、舛賀可南子さん、越田美咲さんに感謝いたします。

平成29（2017）年２月　　　　　　　　　　　　　　　　　倉　島　　進

改訂4版の発刊にあたって

　2019年４月に簿記検定の範囲の大幅な改定が行われました。従前より日本
商工会議所では、日商簿記検定の範囲を実際の会計実務により即した形とす
るために、検討が行われており2015年４月より順次範囲の改定を進めてきま
した。そして、簿記検定をより実践的なものとするために、2019年４月に簿
記１級、２級、３級の範囲の大幅な変更を実施しました。

　これに伴い本書では、日商簿記検定３級を前提としていたために、大幅に
書き直しを行いました。

　本書を始めて上梓したときから「簿記を始める人にわかりやすくその仕組
みを理解してもらおう」という方針は残しつつ、範囲の増加による複雑な部
分についてもより、やさしく解説を加えていきました。

　また、簿記の学習の参考として、また少しでも会計を好きになってくれる
人が増えてほしいという願いから、一口メモを充実させました。中には、簿
記検定から逸脱している部分もありますが、将来的に会計に携わったときに
役立つ知識を盛り込みました。

　多くの簿記の本は、試験対策を全面に出して問題の解き方を中心に構成さ
れていますが、本書は小説を読むような感じで、読みこんで理解してもらい
ながら、簿記の必要な知識が習得できるようにとの思いで書いています。

　単純な仕訳を覚えるのではなく理解することを前提として、１人でも多く
の人が会計を好きになり、会計に携わる人が増えてくれれば幸いです。

　今回の改定から、川田崇之、中村智佐の２人の公認会計士にも協力いただ
きました。彼らも同じ思いで本書の執筆を引き受けてくれました。

　途中でわからなくなっても、まずは最後まで読んでみる。この気持ちを持っ
て本書を読み終えたときには、自然に簿記3級レベルの知識は身についてい
ると思います。そんな気持ちで、１ページ目を開いてほしいと思います。

　一人でも多くの会計人が誕生しますように。

2020年２月　　　　　　　　　　　　　　　　　　　　　　倉　島　　進

2019年度以降の試験範囲の改定について

　2018年４月２日に日本商工会議所は、昭和34年９月に「商工会議所簿記検定試験出題区分表」を制定以来会計諸基準・改定及び関連法令の制定・改定等を踏まえ、「区分表」の改定を適宜行って来ましたが、2015年4月に企業会計に関連する諸制度の変更に的確に対応したことに加えて、一般的な企業における近年のビジネススタイルや会計実務の動向を直視することによって、検定試験がより昨今の企業活動や会計実務に即した実践的なものとなるよう出題範囲等の見直しを行い長期的な展望のもと円滑に適用することとし３年間かけて、改定を行ってきました。

　特に簿記３級においては、簿記検定試験が現代のビジネススタイルの変化により適合し、実際の企業活動や会計実務を織り込んだ実践的な出題内容に進化することで、簿記の学習者のニーズに応えられるよう、出題内容および出題範囲が改定となりました。

⑴　簿記の前提の改定

　これまで、簿記3級の出題は、個人商店を前提とした会計処理を範囲として出題されていましたが、2級以降の学習との整合性をとるために、小規模株式会社を前提とした会計処理の範囲に改定されました。

⑵　情報技術の発展による改定

　現代のビジネス社会における新しい取引を簿記3級にも盛り込む一方で、ビジネススタイルや情報技術の進展にともない、現在の実務との間に乖離が生じていました。これらを勘案して、簿記3級の出題範囲の整理、削除を行う改定がなされました。

改正点

⑴　純資産会計、法人税等の出題範囲の追加

　今までは、個人商店が前提の会計処理であったため、出題範囲ではありませんでしたが、今後は株式会社を前提とした会計処理のため、新たな項目として、純資産会計（１株式会社の設立、２剰余金の配当）の項目が追加されました。

　また、税金についても、租税公課についての出題のみでしたが、税金の処

理として、法人税等の処理、消費税の処理の項目が追加となりました。

(2)　新たな会計慣習による出題範囲の追加

　新たな会計慣習を踏襲するために、電子記録債権、電子記録債務及びクレジット売掛金の項目が追加となりました。

　また、小規模株式会社において利用される頻度の高い勘定科目の追加が行われました。

　　①差入保証金

　　②社会保険料（会社負担額は法定福利費）

(3)　会計環境の変化による出題範囲の変更

　簿記検定においては、前提として、特に3級では伝票を利用した簿記が出題されていました。これらは、簿記の仕組みを知る上では、非常に重要な項目ですが、昨今においては、ほとんどがコンピュータによる会計処理が行われており、これに伴い、伝票会計に関する出題を削除し、新たに証憑問題が出題範囲に追加となりました。

　証憑とは、取引を証明するための根拠となる書類のことで、外部から入手した証憑である納品書、請求書、領収書、当座勘定照合表、WEB通帳などの資料を基にして会計入力するための仕訳を書く問題が出題範囲として追加となりました。

(4)　3級の試験範囲から除外される項目

　小規模株式会社を前提とした場合、あまり馴染みのない項目や、個人商店特有の項目については、3級の出題範囲から削除されました。

　　①有価証券の取得、売却

　　②受取配当金

　　③当店発行の商品券

　　④仕入値引、売上値引

　　⑤減価償却費の直接法

　　⑥引出金の勘定科目

　　⑦期中の当座借越処理

　　⑧消耗品の決算整理

　　⑨繰越試算表の作成

　　⑩6桁試算表

　これらの範囲の改定は、2019年6月の第152回以降改定となります。この

ため、過去問題等を利用する場合には、注意が必要です。

改訂新版　知る・わかる・うかる　はじめての簿記入門　目次

┌─一口メモ─┐

簿記の世界へようこそ！

アタック

簿記は、世界共通の記録のルールです。簿記は、会社が
行っているさまざまな取引を統一の形で、記録するルール
です。このルールはいったん覚えてしまえば、決して難し
いものではありません。アタック1では、全体の流れを押
さえつつ、簿記の処理の基礎について学習します。

ようこそ、簿記の世界へ！　最初のトビラを開きましょ
う。

簿記ってなに

Point

♤簿記は、報告書をつくるために、会社の日々の取引活動を帳簿に記録する
　ための世界共通のしくみです。

♤報告書のことを財務諸表といい、「貸借対照表」と「損益計算書」があり
　ます。

❶　そもそも簿記ってなんのこと

　○○株式会社・××法人・△△商店等は、ふつうさまざまなモノを販売す
ることで、今あるお金を増やすこと＝「儲けること」を目的として活動して
います。自分自身のお金で、商売をやっているのならいいのですが、株式会
社のように、お金を出す人と経営する人が違う場合もあります。

　このような場合には、一定の時期がきたら、お金を出してくれた人に対し
て、その利用状況や儲かったのかどうかを明らかにして、報告する義務があ
ります。

　しかし、さまざまな人がさまざまな形で報告をすれば、その報告を受けた
人は戸惑ってしまいます。このため、報告書の形を一定の様式に決める必要
があります。

　また、会社は、お金の出し入れが頻繁に行われ、さまざまな人がその記録
をすることから、統一の報告書を作成するためには、その記録の方法を統一
しておく必要があります。そのしくみとして、簿記（book-keeping）が考え
だされました。

　簿記のしくみの起源は、15世紀頃ヴェネチアの商人時代に、貿易者がその
貿易にかかる費用を投資家に出資してもらうための提言書（報告書）を作成
するために考案されたものです（P44一口メモ参照）。

　言い換えれば、簿記は決算書をつくるために、会社の日々の活動を帳簿に
記録するための世界共通のしくみです。

【図表1　簿記の役割】

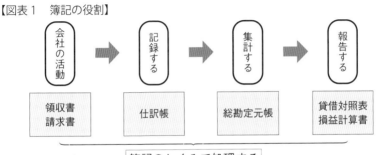

② 報告書をみておこう

　報告書では、お金がどのように利用され、どのような財産を持っているのかという報告と、どれだけ儲けたかという報告をすることになります。

　これらの報告は、2種類の表を作成することになり、前者を「貸借対照表」といい、後者を「損益計算書」といいます。

　なお、会社が作成する「貸借対照表」「損益計算書」のことをまとめて決算書といったり財務諸表といいます。

③ 貸借対照表というのは

　貸借対照表（たいしゃくたいしょうひょう　B/S：Balance Sheet）とは、会社の一定時点の財政状態を明らかにする表で、どのような財産を持っているのかを報告するものです。

　貸借対照表は「資産」「負債」「純資産」という3つのグループに分れています。

貸 借 対 照 表
令和××年12月31日

(単位：円)

資　　　　産	金　　　　額	負債および純資産	金　　　　額
現　　　　金	5,850,000	買　　掛　　金	1,500,000
売　掛　金	2,000,000	借　　入　　金	700,000
備　　　　品	250,000	資　　本　　金	5,100,000
		繰越利益剰余金	800,000
	8,100,000		8,100,000

④ 損益計算書というのは

損益計算書（そんえきけいさんしょ　P/L：Profit & Loss Statement）とは、会社の一定期間における経営成績を明らかにする計算書で、どれだけ儲けたかについて報告するものです。

損益計算書は「費用」「収益」という2つのグループに分れています。

損 益 計 算 書
令和XX年1月1日から令和XX年12月31日まで　（単位：円）

費　　　　用	金　　　額	収　　　　益	金　　　額
仕　　　　入	1,500,000	売　　　上	2,500,000
給　　　料	200,000		
当 期 純 利 益	800,000		
	2,500,000		2,500,000

⑤ どのタイミングで報告すればいい

会社は、継続的に活動を行っているため、会社の状況の報告は一定期間ごとにすることになります。

通常は1年ごとに区切りをつけてその最終日に1年間の報告書である決算書を作成します。この区切られた期間のことを会計期間といいます。

簿記では、会計期間の最初の日のことを「期首」、最後の日のことを「期末」あるいは、「決算日」といい、期首から期末までの間のことを「期中」と呼びます。

なお会計期間は、会社の場合は、任意の期間を選択することができますが、個人商店の場合は、毎年1月1日から12月31日までを会計期間にすることが決められています。

【図表2　会計期間】

2 簿記のしくみは

Point

♤簿記では、定められた流れで決算書を作成します。

♤会社活動のうち簿記上の取引に該当するもののみを仕訳して集計します。

♤財務諸表を作成するために、取引の金額を簿記のしくみを利用して機能的に集計します。

❶ 簿記の流れは

　会社は、日々営業活動を行っており、さまざまな出来事が発生します。この営業活動を決算書に反映させるためには、「取引」を拾い上げ、「記録」「集計」を経て「報告」という一連の流れが必要です。この流れのことを簿記の一巡といいます。

　簿記の一巡を示すと、図表3のようになります。

【図表3　簿記の一巡】

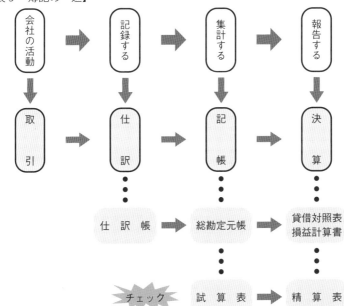

簿記においては、これらの一連の流れである「会社の活動」、「記録する」、「集計する」、「報告する」を「取引」、「仕訳」、「記帳」、「決算」といいます。

言い換えれば、「簿記とは、取引、仕訳、記帳、決算を経て決算書をつくるためのしくみ」といえます。

❷ 取引ってなんのこと

「商品の売買をした」とか「ビルを借りる契約をした」とか「備品を購入した」など、会社はさまざまな営業活動をしています。この活動のことを取引といいます。

しかし、簿記のしくみにおいては、すべての営業取引が「記録」されるわけではありません。簿記によって記録される取引を通常の取引と区別して「簿記上の取引」と呼ぶことにします（図表4）。

「簿記上の取引」は、お金の入出金や備品の購入、銀行からの借入など、会社の財産が増減する取引をいいます。

したがって、通常は取引とは扱われない「現金の盗難」や「火災による店舗の喪失」などは、会社の財産が増減することから、「簿記上の取引」に含まれることになります。

【図表4　通常の取引と簿記上の取引の違い】

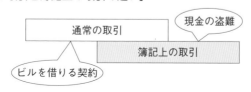

❸ 仕訳ってなんのこと

仕訳とは、会社の取引を集計して決算書を作成するために、会社の取引を分類、整理するためのものです。簿記には、単式簿記と複式簿記があります。通常簿記といえば、複式簿記を指します。複式簿記においては、取引を記録するために「仕訳（しわけ）」というツールを利用します。仕訳は、「借方（かりかた）」「貸方（かしかた）」という左側、右側と一対の場所をつくり「勘定科目（かんじょうかもく）」（詳しくは、項目3）参照）と取引の金額を1セッ

トにして1つの取引ごとに記録します（図表5）。

　なお、簿記においては、左側のことを「借方」、右側のことを「貸方」といいますが、言葉の意味は考えずに単純に左側、右側を指すと覚えておいてください。

　では、ここで、「500,000円の商品を売り上げ、代金は現金で受け取った」という仕訳をみてみましょう

【図表5　仕訳例】

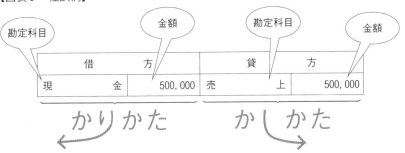

　詳しくは、項目4)において解説しますが、左側（借方）に勘定科目「現金」と金額500,000円、右側（貸方）に勘定科目「売上」と金額500,000円がそれぞれ配置されているのがわかります。

　実際には、「仕訳」は仕訳帳（アタック10参照）や振替伝票（アタック11参照）に記載されますが、簡略的に図表5のような記載を本書では行っていきます。

❹　記帳ってなんのこと

　簿記の最終目標である決算書を作成するためには、勘定科目ごとにその金額を集計しなければなりません。仕訳は、会社の取引の数だけ存在するわけですから、仕訳をしただけでは、勘定科目ごとに集計することは不可能です。

　そこで、仕訳をもとに、勘定科目ごとに記録していくしくみが必要です。

　集計も一定のルールをつくるために、集計専用のノートを用意し勘定科目ごとにその勘定科目のページをつくっておき、該当するページに仕訳を写していきます。後ほど詳しく説明しますがこの記録するノートを「総勘定元帳」といい、仕訳を総勘定元帳に写すことを「転記」といいます（詳しくは項目5)参照）。

そして最後に、転記が正しく行われているか確認するために試算表という表を作成します（図表6、試算表についてはアタック8参照）。

【図表6　記帳のしくみ】

取引　商品500,000円を売り上げ、代金は現金で受け取った。

① 「仕訳帳」の仕訳から

借　　　方		貸　　　方	
現　　　金	500,000	売　　　上	500,000

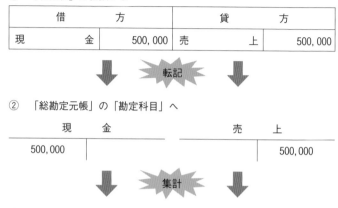

② 「総勘定元帳」の「勘定科目」へ

現　　金　　　　　　　　　　　　　売　　上
500,000　|　　　　　　　　　　　　　　|　500,000

③ 「試算表」の「勘定科目」へ

合　計　試　算　表

借方合計	勘定科目	貸方合計
500,000	現　　　金	
	売　　　上	500,000

❺　決算ってなんのこと

　会計期間が終了すれば、1年分の取引について報告しなければなりません。

　取引は、仕訳を通じて総勘定元帳で集計されています。これをもとに報告書である決算書を作成します。決算書の作成にあたっては、日々の取引を単純に集計するだけでなく、決算作業という作業を行います。詳しくは、アタック9で解説しますが、日常の取引の集計に必要な決算の処理を行ったうえで、報告書を作成します。ここで決算とは、1年間の取引を・合計・整理・修正し、報告書を作成することをいいます（詳しくは項目6）参照）。

　さらに、総勘定元帳を次期以降に利用するために、総勘定元帳などの次期繰越作業を合わせて行います（アタック12参照）。

勘定科目ってなに・そのしくみは

Point

♤勘定科目は、簿記の中で取引を表す言葉です。

♤勘定科目は、その性質（属性）により5つのグループに分けられます。

❶ 勘定科目ってなんのこと

勘定科目は、会社の営業活動を記録するための簿記上できめられた言葉であり、一方で、取引の金額を集計して決算書をつくるための集計単位という役割を持っています。様々な会社の営業活動に応じて、その取引を表すためにもっとも適した勘定科目を選んで使用します。（勘定科目の一覧については P277を参照）

勘定科目は、勘定科目一覧（P277）に記載したもの以外にも存在しますが、日商簿記3級を目指すならば、まず、勘定科目一覧に記載された科目の暗記は必要です。

勘定科目のもう1つの役割である集計単位としての勘定科目とは、会計期間を通じて仕訳で利用された勘定科目は、「借方」、「貸方」ごとに合計され、その合計をもとに決算書が作成されます。

決算書にも同様に勘定科目は利用されており、言い換えれば、決算書は集計された勘定科目を一覧表にしたものといえます。

このように、勘定科目は最終的には、決算書を構成することになることから、決算書の区分に応じて、勘定科目も5つのグループに分かれています。

この区分は、決算書を作成するだけでなく、勘定科目の性質を把握する上でも重要です。

❷ 勘定科目には5つのグループがある

勘定科目は、取引1つ1つを表す言葉であると同時に、決算書を作成するためのツールですから、図表7のように、決算書の形にあわせて5つのグ

ループに分かれています。

　そのグループとは、貸借対照表用として「資産」「負債」「純資産」の３つがあり、損益計算書用として「費用」「収益」の２つがあります。

　貸借対照表と損益計算書を模式的に記載すれば図表7のようになります。P15の貸借対照表とP16の損益計算書とみくらべてみてください。

【図表7　勘定科目の５つのグループ】

　勘定科目は、この５つのグループのいずれかに属し、同じグループの勘定科目は、同じような性質（属性）を持っています。

　勘定科目を暗記することも必要ですが、まずは、それぞれのグループがどういう意味を持ったグループであるのかを覚えることで、勘定科目の扱いが簡単になります。

　すなわち、そのグループごとのイメージをつくることで、５つのグループに勘定科目を分類しやすくなります。以下では、それぞれのグループの性質と代表的な勘定科目を例示しますので、その勘定科目で処理される内容とあわせて、そのイメージをつくってみてください。

　勘定科目は、会社である程度自由に決めることができますが、簿記３級レベルにおいては、最終的には上述のように「勘定科目一覧」の勘定科目を覚えることになります。まずは、図表８、９の勘定科目のグループに示されている勘定科目の意味を覚えてください。

❸　資産ってなんのこと

　資産とは、会社が今持っている財産で、プラスの財産価値のあるものです。すなわち、会社が所有する財産や将来入金してもらえるといった権利です。

　資産には、図表８のような勘定科目が含まれます。

【図表 8　資産の範囲】

勘定科目	内容	勘定科目で処理される内容（取引）
現　　　金	会社が持っている紙幣や硬貨	現金を受けとった。現金で支払った。
売　掛　金	商品を売った際にその場で現金をもらわず後日現金をもらう約束をしたもの。	代金は翌月もらう約束をした。
建　　　物	会社が保有している家屋や店舗	建物（ビル）を購入した。
備　　　品	会社が保有しているパソコンやエアコン、机などの物品	備品（パソコン）を購入した。
車両運搬具	会社が保有している営業に利用するための車やトラック等	営業用の自動車を購入した。

❹　負債ってなんのこと

　負債とは、会社が今負っているマイナスの財産をいいます。すなわち、会社が将来支払っていかなければならない義務をいいます。

　負債には、図表 9 のような勘定科目が含まれます。

【図表 9　負債の範囲】

勘定科目	内容	勘定科目で処理される内容（取引）
買　掛　金	商品を買った際にその場で現金を支払わず後日現金を払う約束をしたもの。	代金は翌月支払う約束をした。
借　入　金	会社が負っている借金で、将来返済しなければならないもの。	（銀行より）お金を借り入れた。

❺　純資産ってなんのこと

　純資産とは、今会社が持っているプラスの財産や権利である資産から、今会社が負っているマイナスの財産や義務である負債を引いた正味の財産を示しています。

　会社の正味の財産には、次の 2 つがあります。

① 株主（会社のオーナ）から開業に当たって会社に入れてもらった資金（出資といいます）

② 会社が営業活動を通じて過去に得た利益

　株主（会社のオーナー）からすれば、会社の営業活動を支援するために資

金を投下したのですから、その営業活動で得た利益は、最終的には、株主の持ち物になります。

　この意味において、会社の正味の財産である純資産は、株主の財産をあらわしています。

　資本金は、どれだけの人（金額）が参加（出資）している会社かを示しています。したがって、会社の資本金の大きさは会社の規模を表す指標でもあります。

　なお、「繰越利益剰余金」は、1年間の決算の結果、純資産に振り替えられるものです（アタック7参照）。

　純資産には、図表10のような勘定科目が含まれます。

【図表10　純資産の範囲】

勘定科目	内容	勘定科目で処理される内容（取引）
資　　本　　金	事業を開業する際に、会社で利用する資金として株主から預かったもの。	出資した。
繰越利益剰余金	会社が活動を通じて得た利益のこと。	

❻　費用ってなんのこと

　費用とは、会社が営業活動を行うときに使ったものを示します。収益を上げるために、必要な支出や損失をいいます。

【図表11　費用の範囲】

勘定科目	内容	勘定科目で処理される内容（取引）
仕　　　　入	会社が売るための商品を購入するために支払ったもの。	商品を仕入れた。
給　　　　料	従業員に支払った給料や賃金	（従業員に）給料を支払った。
旅費交通費	交通機関やタクシーを利用した際に支払ったもの	タクシーに乗った。
通　信　費	携帯電話代やはがき、切手代として支払ったもの	電話料金を支払った。切手を購入した
支払家賃	事務所を借りたときの家賃	（事務所の）賃借料を支払った。

　費用には、図表11のような勘定科目が含まれます。

❼ 収益ってなんのこと

収益とは、会社が営業活動を行って得たものを示します。利益を生み出す元となる収入の総額をいいます。

収益には、図表12のような勘定科目が含まれます。

【図表12　収益の範囲】

勘定科目	内容	勘定科目で処理される内容（取引）
売　　上	商品を販売した際に得た収入	商品を販売した。
受取手数料	会社がもらった手数料	手数料を受け取った。

❽ 5つのグループとホームポジション

簿記には、単式簿記と複式簿記がありますが、通常簿記といえば、複式簿記を指します。複式簿記では、これまで説明してきたように1つの取引で、借方（左側）の勘定科目と、貸方（右側）の勘定科目を使用して、金額は借方側の合計と貸方側の合計を一致させることになります。

このため、勘定科目を借方（左側）に記入するか、貸方（右側）に記入するかは重要な意味をもっています。すなわち、勘定科目をどちら側に記入するかによって、記載された勘定科目の金額を増加させるのか、減少させるのか決定することになるからです。

勘定科目をどちら側に記入すればその金額を増加させるかは、その勘定科目が属するグループごとに決定しており、本書では、増加する側をホームポジションと呼ぶことにします。最終的に決算書では、ホームポジション側にその勘定科目と金額を記載して報告を行うことになります。

そういう意味でホームポジションは、重要ですから、必ず暗記しなければなりません。

暗記のしかたは、人それぞれあると思いますが、勘定科目は、最終的には、決算書を作成するための言葉であることから、決算書の形に当てはめて暗記する方法がもっとも効率的と考えられます。

ここでは、決算書の形を思い出しながら各グループのホームポジションをまとめてみましょう。

【図表13　5つのグループとホームポジション】

　　ホームポジションが左側にあるグループは、「資産」「費用」であり、右側にあるのは「負債」「純資産」「収益」です。

　　各勘定科目のグループにおいて勘定科目を増加させるか減少させるかをまとめてみると、図表14のようになります。

【図表14　勘定科目（グループ）別の増減】

資　　　産	
増加（＋）	減少（－）

負　　　債	
減少（－）	増加（＋）

純　資　産	
減少（－）	増加（＋）

費　　　用	
増加（＋）	減少（－）

収　　　益	
減少（－）	増加（＋）

　　ここで、「増加」「減少」という言葉は、なじまない方もいらっしゃるかもしれませんが、会社が行った取引に関して、当該勘定科目を増やすのか減らすのかという意味で捉えてください。

　　例えば、現金が手元に増えれば「現金」の勘定科目は増加、銀行などから借入をすれば、「借入金」の勘定科目は増加します（借入金は将来返さなければならない義務が増加したことになります）。

　　また、「収益」、「費用」グループにおいては、会計の用語では発生、消滅という言葉を使います。

　　本書においては、他のグループと合わせるために、発生のことを増加、消滅のことを減少と記載しています。

4 仕訳のルールってなに・そのしくみは

Point

♤仕訳は、簿記のスタートです。会社の取引の数だけ、仕訳が行われています。

♤仕訳には、一定のルールがあります。

♤勘定科目のホームポジションを覚えること！　あとは、練習あるのみ！

　仕訳の早さが簿記の勝負です！

❶　仕訳のルールってなんのこと

　仕訳とは、会社の取引を集計して決算書を作成するために、会社の取引を分類、整理するためのものです。

　取引には、原因と結果の2つの側面があります。これを「取引の2面性」ともいいます。

　簿記においては、「仕訳」では、その取引での原因や結果といった事象ごとに「勘定科目」を選択します。取引によっては、原因と結果は複数の事象がある場合もあり、「勘定科目」は、最低でも2つ使用することを想定しており、少なくとも借方側、貸方側には1つ以上の「勘定科目」が記載されることになります。

　では、具体的に取引の仕訳を見てみましょう。

　P19の図表5の「500,000円の商品を売り上げ、代金は現金で受け取った」という取引は、

① 　500,000円の商品を売り上げた（原因）

② 　代金（500,000円）は現金で受け取った（結果）

と2つの事象が発生しています。

【図表15　取引の2面性】

500,000円の商品を売り上げ、代金は現金で受け取った。

① 　　　　　　　　　②

この事象を詳しく見てみましょう。まず原因である「商品500,000円を売り上げた」については、会社の収益である「売上」が増加しています。

　少しわかりにくいかもしれませんが、簿記は会社の取引を集計して決算書を作成するものですから、この取引において、決算書に記載される「売上」は500,000円分増えたことになります。

　次にこの取引の結果として「代金は現金で受け取った」については、会社の資産である「現金」は500,000円分増加したことになります。

　この状況をまとめると図表16のようになります。

【図表16　取引を適切に表す勘定科目を選択】

	取引の状況	使う勘定科目	所属グループ	状　　況
①	商品の売上	売上	収益	⦅増加⦆　減少
②	現金の受取り	現金	資産	⦅増加⦆　減少

　この状況から仕訳をして見ましょう。

　まず、「勘定科目」ですが、

　「商品の売上」という状況においては、収益グループに属する「売上」を利用します。また、「現金の受取」という状況においては、資産グループに属する「現金」を利用します。

　どのような勘定科目を利用するかについては、今後勉強していくことになります。

　「仕訳」においては、「勘定科目」を「借方」側に記載するか「貸方」側に記載するかは、セットになっている金額を加算（増加）するか減算（減少）するかという意味を持っています。

　勘定科目とホームポジションの関係をみると図表17のようになります。

【図表17　ホームポジション】

貸借対照表

資産	負債
現金	純資産

損益計算書

費用	収益
	売上

現金は資産グループに属しており、状況は増加しています。

資産グループのホームポジションは左側（借方）なので、現金は左側（借方）に書くことになります。

売上は収益グループに属しており、状況は増加しています。

収益グループのホームポジションは右側（貸方）なので、売上は右側（貸方）に書くことになります。

勘定科目（グループ）別の増減

まとめると、図表18のようになります。

【図表18　取引の状況と貸借】

取引の状況	使う勘定科目	所属グループ	状　　況	貸　　借
商品の売上	売上	収益	増加　減少	借方　貸方
現金の受取り	現金	資産	増加　減少	借方　貸方

この取引では商品を販売（取引の原因）し、現金を受け取った（取引の結果）というもので、また、500,000円の商品の販売ですので、取引の金額は500,000円であり、仕訳の「借方」側も「貸方」側それぞれの金額の合計も500,000円となっています。

最後に、図表18の状況を仕訳の形に置き換えると取引に関する仕訳が完成し、図表19のようになります。

【図表19　勘定科目の金額とセットで仕訳】

借　　方		貸　　方	
現　　　金	500,000	売　　　上	500,000

金額は、その取引の規模を表す金額であり、「勘定科目」が複数あったとしても「借方」側の合計金額と「貸方」側の合計金額は必ず一致します。

❷ 各グループの増加・減少の記載方向を覚えよう

　5つのグループに属する勘定科目は、それぞれその勘定科目が表す状況によって仕訳の借方に記載するか貸方に記載するかが決定します。それをまとめると、図表20のようになります。

【図表20　各グループの増加・減少の記載方向】

① 資産が増えたときは借方（左側）に記入する。
② 資産が減ったときは貸方（右側）に記入する。
③ 負債が増えたときは貸方（右側）に記入する。
④ 負債が減ったときは借方（左側）に記入する。
⑤ 純資産が増えたときは貸方（右側）に記入する。
⑥ 純資産が減ったときは借方（左側）に記入する。
⑦ 費用が増えたときは借方（左側）に記入する。
⑧ 収益が増えたときは貸方（右側）に記入する。

　それぞれの勘定科目が増加した場合には、仕訳においてどちらに記入するかは、暗記しかありませんが、ホームポジション側が増加することから、P26の図表13と合わせて暗記することをおすすめします。

　また、仕訳では、借方側、貸方側に最低1つの勘定科目が必要ですから、勘定科目との関連で組み合わせると、図表21のようになります。

【図表21　仕訳の組合せ】

❸ 仕訳にチャレンジしてみよう！

　簿記においては、仕訳は重要な意味があります。取引をみて仕訳が頭に浮かんでくるくらいまで練習しましょう。

　会社は、株主の出資から始まりますが、ここでは、仕訳の練習を目的としているので、株主からの出資の仕訳は一番最後に記載します。

問題

次の取引について、実際に表に記入して仕訳をしてみましょう。

取引 ① 2,000,000円の商品を売り上げ、代金は翌月に受け取る約束をした。

取引の状況	使う勘定科目	所属グループ	状 況		貸 借	
翌月に受け取る約束	売掛金		増加	減少	借方	貸方
商品の売上	売 上		増加	減少	借方	貸方

借 方		貸 方	

取引 ② 250,000円の備品を購入し、代金は現金で支払った。

取引の状況	使う勘定科目	所属グループ	状 況		貸 借	
備品の購入	備品		増加	減少	借方	貸方
現金の支払い	現金		増加	減少	借方	貸方

借 方		貸 方	

取引 ③ 銀行より現金1,000,000円を借り入れた。

取引の状況	使う勘定科目	所属グループ	状 況		貸 借	
現金の受取り	現 金		増加	減少	借方	貸方
銀行より借入	借入金		増加	減少	借方	貸方

借 方		貸 方	

取引 ④ 1,500,000円の商品を仕入れ、代金は翌月に支払う約束をした。

取引の状況	使う勘定科目	所属グループ	状 況		貸 借	
商品の仕入	仕 入		増加	減少	借方	貸方
翌月に支払う約束	買掛金		増加	減少	借方	貸方

借 方		貸 方	

ようこそ簿記の世界へ　アタック①

取引 ⑤ 社員の給料200,000円を、現金で支払った。

取引の状況	使う勘定科目	所属グループ	状 況		貸 借	
給料の支払い	給料		増加	減少	借方	貸方
現金の支払い	現金		増加	減少	借方	貸方

借 方		貸 方	

取引 ⑥ 銀行からの借入のうち、300,000円を現金で返済した。

取引の状況	使う勘定科目	所属グループ	状 況		貸 借	
銀行からの借入の返済	借入金		増加	減少	借方	貸方
現金の支払い	現 金		増加	減少	借方	貸方

借 方		貸 方	

取引 ⑦ 開業に際して株主より5,100,000円の出資を受けた。

取引の状況	使う勘定科目	所属グループ	状 況		貸 借	
現金の受取り	現 金		増加	減少	借方	貸方
出資の受入れ	資本金		増加	減少	借方	貸方

借 方		貸 方	

解答

取引	借 方		貸 方	
①	売 掛 金	2,000,000	売 上	2,000,000
②	備 品	250,000	現 金	250,000
③	現 金	1,000,000	借 入 金	1,000,000
④	仕 入	1,500,000	買 掛 金	1,500,000
⑤	給 料	200,000	現 金	200,000
⑥	借 入 金	300,000	現 金	300,000
⑦	現 金	5,100,000	資 本 金	5,100,000

転記ってなに・そのしくみは

Point

♤勘定科目ごとに仕訳の全部の金額を集計しなければなりません。

♤転記が正しいかどうかは、試算表で確認します。

❶ 転記ってなんのこと

　会社の取引について「仕訳」が終了すれば、次に、その仕訳を集計する作業になります。言い換えれば、仕訳された「勘定科目」ごとに金額を集計する作業です。現在では、コンピュータが発達し「勘定科目」ごとの集計はすぐにできますが、簿記の仕組みが考案されたときは、コンピュータなどありませんから手作業で集計する仕組みが確立されています。(現在の会計ソフトもこの考え方で作成されています)

　会社の取引の仕訳は、「仕訳帳」又は「仕訳記入帳」といったノートに記載されています。仕訳のままでは、勘定科目ごとの増加や減少さらにその結果である「残高」を求めることは至難の技です。

　そこで、「仕訳」を「勘定科目」ごとに集計するために、特殊なノートが用いられていました。これを「総勘定元帳」といいます。

　「総勘定元帳」では、「勘定科目」ごとに専用のページをつくり、「仕訳」ごとに、「借方」金額、「貸方」金額を記載して集計していきます。

　なお、「仕訳帳」から「総勘定元帳」の該当ページに記載することを簿記では「転記」といいます。

❷ 転記のしかたってどうやればいい

　総勘定元帳への転記の方法もルールがあります。実際では、転記のルールは複雑ですが、ここでは、簡略的に集計するための転記のルールについて記載します。

　それでは、「500,000円の商品を売り上げ、代金は現金で受け取った」とい

う仕訳の転記をしてみましょう。

　詳しい転記の仕方は、アタック11で学習しますが、ここでは、仕訳と総勘定元帳の関係を理解してください。

　先ほどの取引の仕訳は、いままで学習したように、下記のようになります。

借　　　方		貸　　　方	
現　　　　金	500,000	売　　　　上	500,000

　仕訳において借方の勘定科目は「現金」ですから、総勘定元帳の「現金」のページの借方に金額を転記します。取引を見分けるために同時に日付と相手の勘定科目（売上）も記入しておきます。

現　　　金

1/11 売上 500,000 |

　次に貸方の勘定科目は「売上」ですから、総勘定元帳の「売上」のページの貸方に金額を転記します。取引を見分けるために同時に日付と相手の勘定科目（現金）も記入しておきます。

売　　　上

| 1/11 現金 500,000

　これらの転記作業は仕訳ごとに行っていきます。

　実際の「総勘定元帳」は、複雑な形をしていますが、日商3級においては、集計することが目的ですから、上記のような簡略化された「総勘定元帳」を利用します。この簡略化された総勘定元帳をその形からとって「T勘定」とよびます。また、集計の練習においては、日付や相手科目の記載まで必要ありません。

❸ 「試算表」の「勘定科目」へ

　総勘定元帳は、勘定科目ごとに別のページになっているため、総勘定元帳への転記が正しく行われているか確認する必要があります。また、会計期間

の途中において、現在の会社の状況（財政状態、経営成績）を確認すること
もあります。このために、簿記では、集計表を作成してチェックや確認を行っ
ています。この集計表のことを「試算表（しさんひょう　T/B：Trial Balance）
といいます。

　試算表は、総勘定元帳が作成されている勘定科目を一覧表にしたもので、
総勘定元帳にしたがってそれぞれの勘定科目の借方の合計金額と貸方の合計
金額を試算表の該当する勘定科目に記載していきます。

【図表22　勘定科目の合計金額の記入】

合 計 残 高 試 算 表

借 方 残 高	借 方 合 計	勘 定 科 目	貸 方 合 計	貸 方 残 高
	500,000	現　　　金		
		売　　　上	500,000	

❹　残高を求める

　残高は、各勘定科目の借方合計金額と貸方合計金額の差額の金額のことで
す。言い換えれば、各勘定科目は取引ごとに増加したり、減少したりしてい
ますが、結果現在ではいくらになったかということです。

　この計算をするには、それぞれの勘定科目ごとに金額の大きい側から金額
の小さい側の金額を引いて、その答えを金額の大きい側（借方 or 貸方）の
残高欄に記入します。

【図表23　残高を求める】

合 計 残 高 試 算 表

借 方 残 高	借 方 合 計	勘 定 科 目	貸 方 合 計	貸 方 残 高
500,000	500,000	現　　　金		
		売　　　上	500,000	500,000

試算表の詳しい説明は、アタック8にて行います。

決算ってなに・そのしくみは

Point

♤当期純利益は、決算において求められます。

♤当期純利益は、次期以降の活動の元手になります。

❶ 決算ってなんのこと

決算とは、簿記の最終目標である決算書を作成することをいいます。このことから、会計期間の期末の最終日のことを決算日ということもあります。

決算作業は、期中に発生した取引について、仕訳、記帳を繰り返して各勘定科目に集計された残高いいかえれば試算表の残高を決算書の様式にあてはめることによって、貸借対照表と損益計算書を作成します。

現実の世界では、さまざまな決算を行う上で行わなければならない処理がありますが、これらの詳細は、アタック9以降で学習するとして、ここでは、単純に決算書（貸借対照表、損益計算書）を作成するためのしくみを学習しましょう。

この決算が終了すれば、P17の図表3の簿記の一巡は終了します。

❷ 報告の前に利益を計算する

決算において決算書を作成する前にまず、この1年間でどれだけ儲かったかを把握するために、利益を計算します。

利益は、1年間で得た収益から収益を上げるためにかかった費用を引いて求められます。簿記においては、当期に得た利益という意味で「当期純利益」といいます。

【図表24　当期純利益の計算式】

当期純利益＝収益－費用

一方、会社は必ず儲かっているとは限りません。収益を上げるためにかかっ

た費用が収益を超えている場合もあります。この場合は、「当期純損失」といいます。

【図表25　当期純利益と当期純損失のイメージ】

❸　利益は次の会計期間の元手として純資産になる

　利益は、1年間活動してきた結果会社に残った正味の財産ともいえます。

　「営業活動をして当期の収益から費用を引けば利益があった」ということは、もう1つの側面からみれば、「会社の正味の財産が増加した」ということもあらわしているといえます。

　収益から費用を引いた「当期純利益」は損益計算書に記載されたあと、貸借対照表の純資産の部の資本金の下に「繰延利益剰余金」と記載されます。

　これについては、詳しくはアタック7で解説しますが、「当期純利益」の資本への振替といいます。

【図表26　当期純利益と決算表のイメージ】

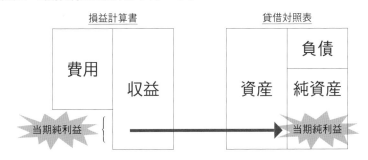

　アタック1では、簿記の一巡について解説してきましたが、アタック1の取引をすべて処理すれば、皆さんが簿記を始めるにあたってP15、P16で見た簿記の最終目標である貸借対照表および損益計算書が作成されます。

♡取引から財務諸表作成までトライしてみよう

問題

アタック１で学んだ簿記の一巡について、通して練習してみましょう。

第１問　次の仕訳をしなさい。

①開業に際して株主より5,100,000円の出資を受けた。

借	方	貸	方

②500,000円の商品を売り上げ、代金は現金で受け取った。

借	方	貸	方

③2,000,000円の商品を売り上げ、代金は翌月に受け取る約束をした。

借	方	貸	方

④250,000円の備品を購入し、代金は現金で支払った。

借	方	貸	方

⑤銀行より現金1,000,000円を借り入れた。

借	方	貸	方

⑥商品1,500,000円を仕入れ、代金は翌月に支払う約束をした。

借	方	貸	方

⑦社員の給料200,000円を、現金で支払った。

借	方	貸	方

⑧銀行からの借入のうち、300,000円を現金で返済した。

借　　　　方		貸　　　　方	

第2問　次の仕訳を下記の総勘定元帳に転記しなさい

	借　　　　方		貸　　　　方	
①	現　　　　金	5,100,000	資　本　金	5,100,000
②	現　　　　金	500,000	売　　　　上	500,000
③	売　掛　金	2,000,000	売　　　　上	2,000,000
④	備　　　　品	250,000	現　　　　金	250,000
⑤	現　　　　金	1,000,000	借　入　金	1,000,000
⑥	仕　　　　入	1,500,000	買　掛　金	1,500,000
⑦	給　　　　料	200,000	現　　　　金	200,000
⑧	借　入　金	300,000	現　　　　金	300,000

現　　金

借　入　金

売　掛　金

資　本　金

備　　品

仕　　入

買　掛　金

給　　料

売　　上

第3問　次の総勘定元帳に基づき合計残高試算表を作成しなさい。

現　　金	
① 5,100,000	④ 250,000
② 500,000	⑦ 200,000
⑤ 1,000,000	⑧ 300,000

借　入　金	
⑨ 300,000	⑤ 1,000,000

売　掛　金	
③ 2,000,000	

資　本　金	
	① 5,100,000

備　　品	
④ 250,000	

仕　　入	
⑥ 1,500,000	

買　掛　金	
	⑥ 1,500,000

給　　料	
⑦ 200,000	

売　　上	
	② 500,000
	③ 2,000,000

合計残高試算表

借方残高	借方合計	勘定科目	貸方合計	貸方残高
		現　　　　金		
		売　掛　金		
		備　　　　品		
		買　掛　金		
		借　入　金		
		資　本　金		
		売　　　　上		
		仕　　　　入		
		給　　　　料		

第4問　次の試算表に基づき、決算書を作成しなさい。

合計残高試算表

借方残高	借方合計	勘定科目	貸方合計	貸方残高
5,850,000	6,600,000	現　　　金	750,000	
2,000,000	2,000,000	売　掛　金		
250,000	250,000	備　　　品		
		買　掛　金	1,500,000	1,500,000
	300,000	借　入　金	1,000,000	700,000
		資　本　金	5,100,000	5,100,000
		売　　　上	2,500,000	2,500,000
1,500,000	1,500,000	仕　　　入		
200,000	200,000	給　　　料		
9,800,000	10,850,000		10,850,000	9,800,000

貸 借 対 照 表
令和××年12月31日　　　　　　　　　（単位：円）

資　　　　　産	金　　　　　額	負債および純資産	金　　　　　額
現　　　　　金		買　　掛　　金	
売　　掛　　金		借　　入　　金	
備　　　　　品		資　　本　　金	
		繰 越 利 益 剰 余 金	

損 益 計 算 書
令和××年1月1日から令和××年12月31日まで　　　（単位：円）

費　　　　　用	金　　　　　額	収　　　　　益	金　　　　　額
仕　　　　　入		売　　　　　上	
給　　　　　料			
当 期 純 利 益			

貸　借　対　照　表
令和××年12月31日
（単位：円）

資　　　　産	金　　　額	負債および純資産	金　　　額
現　　　　金	5,850,000	買　　掛　　金	1,500,000
売　　掛　　金	2,000,000	借　　入　　金	700,000
備　　　　品	250,000	資　　本　　金	5,100,000
		繰越利益剰余金	800,000
	8,100,000		8,100,000

損　益　計　算　書
令和××年1月1日から令和××年12月31日まで
（単位：円）

費　　　　用	金　　　額	収　　　　益	金　　　額
仕　　　　入	1,500,000	売　　　　上	2,500,000
給　　　　料	200,000		
当 期 純 利 益	800,000		
	2,500,000		2,500,000

当期純利益の求め方
　収益－費用＝当期純利益なので、
　売上－（仕入＋給料）＝当期純利益　となります。
　　　　　　2,500,000円－（1,500,000円＋200,000円）＝800,000円
　損益計算書では、
　収益－費用＝当期純利益であり、これを入れかえると費用＋当期純利益＝収
益となります。このため、当期純利益は、費用（借方）側の一番下に記載され
ます。
　この当期純利益は、貸借対照表の繰越利益剰余金にも記載されます。

♥超重要キーワード／簿記これだけは覚えよう

① 報告書の種類

貸借対照表（たいしゃくたいしょうひょう　B/S：Balance Sheet）

　会社の一定時点の財政状態を明らかにする表で、どんな財産を持っているのかを報告するもの

損益計算書（そんえきけいさんしょ　P/L：Profit & Loss Statement）

　会社の一定期間における経営成績を明らかにする計算書で、どれだけ儲けたかについて報告するもの

② 簿記の流れ

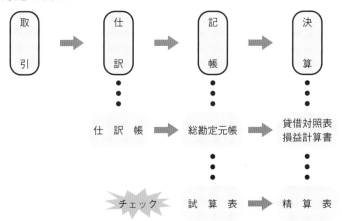

③ 勘定科目とホームポジション

　勘定科目は、263ページの勘定科目一覧表を順次覚えなければなりませんが、その際ホームポジションを押さえる必要があります。

簿記のしくみが最初に考案されたのは、1400年頃だといわれています。当時、イタリアのヴェネチアでは、貿易が盛んに行われていました。大型の船をつくり、インドや、中国のほうまで、宝石や青銅器などを買いに行き、ヴェネチアに戻ってきては、それらの商品を交換したり販売したりしました。

この貿易のビジネスはだんだん大きくなり、航海に行く船も大きくなりました。当然、この貿易で、利益を上げた人はしだいに富豪になり、これらのビジネスの方法も変わっていきました。このような富豪から、船の建造費や、航海や仕入に必要なお金を預かり、航海終了後に、富豪へ利益の配分（すなわち、お金持ちはお金を出し、貿易人はそのお金を増やす、そして、お金持ちに配当するという形です）といった今でいう所有と経済の分離がなされるようになりました。

このあたりから、ヴェネチア商人たちは、その取引の状況を示す報告書の様式を統一するために、一定のルールを定めてきました。

これらのルールを体系的に著述したのは、ルカ・パチョーリという人物といわれ、1494年にヴェネチアで出版された「算術、幾何、比及び比例総覧」という書物です。

こうしてルール化された簿記のしくみは、少しずつ形を変えて、やがて報告書が作成されます。この報告書を元にして、富豪たちによって、どの貿易者に対して、お金を投資するのか？　といった現在のマネーゲームの原型も起こりました。

会計期間については、現在は、1年間で報告書を作成するルールになっていますが、当時は、1航海ごとに報告書が作成されていました。

すなわち、航海するために、船をつくることから始まり、航海を経て、仕入れてきた財宝を販売した後、船をスクラップにした費用も織り込んで、最後に残ったお金を投資した皆さんで分けていたといいます。

その後、船も頑丈になり、何回かの航海に利用することになり、簿記のルールも1年ごとの報告へと移っていきました。

アタック
2

現金・預金

　会社は、お金を投下して、お金を儲けるために活動しています。お金とは離れられないものです。簿記の世界では一般的にいわれているお金だけではなく、通貨代用証券といわれるものも「現金」として扱います。

　ここでは、「現金」や「当座預金」について学習します。

簿記上の現金ってなに

Point
♧紙幣や硬貨などのいわゆる通貨は、「現金」の勘定科目を利用します。
♧他人振出小切手もすぐに換金できるので「現金」勘定で処理します。

❶ 現金の取引をみてみよう

　商売は、現金からはじまり現金で終わるといわれています。そのため、取引を仕訳する際には、最終的に現金を受け取るのかそれとも現金を支払うのかについて、常に考えることが大切です。

　通貨などの金銭を受け取ったり、支払ったりしたときには「現金」（資産）の勘定科目で処理します。

　ここで、現金を受け取った場合の処理を見てみましょう。

　「大阪商店に500,000円の商品を販売し、代金は現金で受け取った」という取引を考えてみましょう。

　商品を販売したら「売上」（収益）の増加として貸方（右側）に記入します。
現金を受け取ったら「現金」（資産）の増加として借方（左側）に記入します。

借 方		貸 方	
現　　金	500,000	売　　上	500,000

　次に、現金を支払った場合の処理を見てみましょう。

　「250,000円の備品を購入し、代金は現金で支払った」という取引を考えてみましょう。

　備品を購入したら「備品」（資産）の増加として借方（左側）に記入します。
現金を支払ったら「現金」（資産）の減少として貸方（右側）に記入します。

借 方		貸 方	
備　　品	250,000	現　　金	250,000

このように、通貨等の金銭を受け取れば、「現金」（資産）の勘定科目を借方（左側）に記入する、支払えば、貸方（右側）に記入すると覚えておきましょう。

❷ 他人振出小切手ってなんのこと

他人振出小切手とは、取引先（預金者）が自分と取引のある銀行に支払いを依頼した証券のことをいいます。

他人振出小切手を銀行の窓口に持参すると持参した人に小切手と引き換えに現金を渡してくれます。この証券のことを「通貨代用証券」といいます。

このように「通貨代用証券」は、引き換えにすぐに現金に換金できるものをいいます。この証券はさまざまありますが、日商簿記3級レベルでは「他人振出小切手」のことと理解しておきましょう。

すぐに現金に換金できることから、簿記においては、「通貨代用証券」を受け取ったり渡したりした場合には、「現金」（資産）の勘定科目を利用して仕訳処理を行います。

「大阪商店に500,000円の商品を販売し、代金は同店振出しの小切手で受け取った」という取引を考えてみましょう。

商品を販売したら「売上」（収益）の増加として貸方（右側）に記入します。同店振出しの小切手とは、「大阪商店（他人）振出小切手」ということを意味しています。

すなわち、通貨代用証券を受け取ったということです。このため、「現金」（資産）の増加として借方（左側）に記入します。

借 方		貸 方	
現　　金	500,000	売　　上	500,000

次ページで学習する「当座預金」と混同してしまうことが多いですが、他人が振り出した小切手を受け取った場合は、「当座預金」ではなく、「現金」の勘定科目を使う、ということをおさえておきましょう。

当座預金ってなに

Point

♧当座預金は、預金の一種で、会社の財布のようなものです。

♧小切手や手形を振り出す（発行する）ためには、当座預金口座を持つこと
　が必要です。

♧銀行と「当座借越契約」を結んでいれば、当座預金の残高が不足した場合、
　一時的に銀行が限度額まで立替払いをしてくれます。

❶　当座預金ってなんのこと

　会社では、日々大量の現金が動いています。しかし、これを金庫に入れて
おくと盗難等の危険にさらされます。このため、会社は、自社にある金庫の
ように出し入れ自由な預金を持つことがあります。

　このように利用できる銀行口座を当座預金といいます。

　当座預金は、銀行預金の一種ですが、普通預金や定期預金と違って、図表
27のような特徴があります。

【図表27　当座預金の特徴】

項　　目	説　　明
①　無利息である	定期預金や普通預金は利息がつきますが、当座預金口座では利息がつきません。代金の支払いをスムーズにするためのもので、お金を増やすための預金ではないからです。
②　預金の引き出しには小切手や手形が必要である	キャッシュカードも通帳もなく、引き出す金額を小切手などに記入して出金します（これを「小切手を振り出す」といいます）。
③　契約により残高がマイナスでも手形や小切手の振出が可能である	「当座借越（とうざかりこし）」契約により、小切手を振り出したときに残高不足でも、契約で定めた限度額まで一時的に銀行が立替払いをしてくれます。 　なお、立替払いされたお金は次回当座預金の入金時にさきに返済されます。

❷ 小切手ってなんのこと

　小切手とは、当座預金から出金するための証券で、この証券は、自分で利用するだけでなく、他人に譲渡することもできます。

　小切手に必要事項を記載して当座預金から出金できる形にすることを「小切手を振り出す」といいます。

　具体的には、小切手帳という冊子に金額を記入し、印鑑を押して形式などを整えれば、当座預金から出金することができます。

　他人が振出した小切手を受け取った場合は、指定された銀行に持って行けばすぐに現金に換金してもらえます（実務上は4日間程度かかります）。

　また、換金しなくても取引先に現金と全く同じものとして支払うことができます。

① 小切手を受け取ったときの処理

> 小切手を受け取ったとき→「現金」（資産）の増加

　他人から小切手を「受け取った」ときは（すなわち、入金です）、「現金」勘定を使います。なぜならば、他人から受け取った小切手は指定された銀行に持って行けばすぐに現金に換金してもらえるからです。

　そして、「現金」は資産の勘定ですから、受け取ったら、資産の増加として借方（左側）に記入します。

② 小切手を振り出したときの処理

> 小切手を振り出したとき→「当座預金」（資産）の減少

　自ら、当座預金を引き出す場合や他人に渡す場合には、小切手を振り出します。小切手を振り出したときは（すなわち出金です）、当座預金勘定を使います。

　当座預金は、資産の勘定ですから、振り出したら資産の減少として貸方（右側）に記入します。

【図表28　小切手のサンプル】

A123456　　　　小　切　手　　　　東　京|1301
支払地　東京都セルバ市湯島　　　　　　　0039-509

セルバ銀行　湯島支店

金額　金参百五拾万円也

上記の金額をこの小切手と引替えに
持参人へお支払いください。

拒絶証書不要

振出日　令和 2 年　2 月 23 日　　　倉　島　進

振出地　東京都セルバ市　振出人

"03:2301||0039:|509|||164098||23456"

❸　当座借越ってなんのこと

当座預金は、入金・出金を手軽に行えますので、会社にとって財布のように便利な預金口座です。

しかし、取引の順序などの関係で一時的に当座預金の残高が不足する場合（支払わなければいけない金額よりも、当座預金の残りの金額が少ない状態）があります。

当座預金の残高以上の小切手を振り出してしまったら、銀行は残高不足を理由に小切手の支払いを拒否することになります。これがいわゆる「不渡り」です。

通常、一定期間に2度の「不渡り」を出した会社は、銀行と借入などの取引ができなくなります。

そこで金融不安を招かないようにするために、銀行と当座借越契約を結びます。当座借越契約は、通常限度額が設定されており、この限度額の範囲であれば、一時的に銀行からお金を借りることができるのです。

この一時的に銀行からお金を借りていることを当座借越といいます。

当り前ですが、当座借越を行っているときには銀行に対して負債がある状態ですので、当座預金に入金があれば、真っ先に当座借越の返済が行われたものとして扱われます。

❹ 当座預金に関係する取引の処理

当座預金が関係する場面として、図表29のような場合があります。

【図表29　当座預金が関係する場面】

当座預金が関係する場面
- ① 当座預金へ預け入れたとき
- ② 当座預金から出金したとき
- ④ 自分が一度振り出した小切手が戻ってきたとき
- ⑤ 決算時に当座借越の状態になっていたとき

① 預け入れたとき

「現金3,500,000円を当座預金に預け入れた」という取引を考えてみましょう。

預け入れたわけですから、当座預金は増加します。「当座預金」の勘定科目は、資産グループですから、借方（左側）に記入します。

一方で現金は減少するわけですから、「現金」勘定科目の減少として、貸方（右側）に記入します。

借　　　　　方		貸　　　　　方	
当　座　預　金	3,500,000	現　　　　　金	3,500,000

② 受け取った小切手を直ちに「当座預金」に入金したときの例外

本来他人が振り出した小切手を受け取ったときは「現金」の勘定科目で処理しますが、仕訳の手間を省くために、「ただちに当座預金とした」と一文がある場合は、直接「当座預金」の勘定科目を使います。

例えば「大阪商店に500,000円の商品を販売し、代金は同店振出の小切手で受け取り、ただちに当座預金とした」という場合には、

借　　　　　方		貸　　　　　方	
現　　　　　金	500,000	売　　　　　上	500,000

とせずに、受け取った現金部分は直接「当座預金」勘定を利用します。

借　　　　　方		貸　　　　　方	
当　座　預　金	500,000	売　　　　　上	500,000

現金・預金
アタック②

③　引き出したとき（小切手の振出）

　「小切手を振り出して」と書いてあったら、「当座預金から引き出した」と書いていなくても「当座預金」の勘定科目を減らします。資産の減少として、貸方（右側）に記入します。

　例えば、「奈良商店から1,000,000円の商品を仕入れ、小切手を振り出して支払った」という場合、

借　　　　方		貸　　　　方	
仕　　　　　　入	1,000,000	当　座　預　金	1,000,000

となります。

④　自己振出小切手を受け取ったとき

　小切手は、他人に譲渡できることから、もらった人はさらに別の人へ譲渡することもできます。

　実務上は、横線小切手といって、もらった人は銀行へ持ち込むことしかできない小切手を利用しますが、横線小切手以外の小切手は、他人に譲渡することができます。

　このため、自分が振り出した小切手が戻ってくる場合があります。この場合、振り出したときには、「当座預金」の勘定科目の減少として、処理していることから、戻ってきた場合は、「当座預金」の勘定科目の増加として処理します。

　この点が他人振出の小切手を受け取った場合と異なる点ですから、注意が必要です。

　したがって、小切手を受け取って処理を行うときは、誰が振り出したものなのかに注目する必要があります。

　「東京商店へ500,000円の商品を販売し、代金は当店振出の小切手で受け取った」の場合は、受け取った小切手は、当店振出であることから、「当座預金」（資産）の勘定科目を利用します。

借　　　　方		貸　　　　方	
当　座　預　金	500,000	売　　　　　　上	500,000

⑤　当座借越状態となったとき

　今までみてきた通り当座預金の入金は本来は借方に残高がある資産の「当座預金」の勘定科目の増加として処理し、当座預金の出金は「当座預金」の勘定科目減少として処理します。

　減少が大きかった場合や続いた場合、「当座預金」の勘定科目の残高が一時的に貸方（マイナス残高ともいいます）になることがあります。

　これを「当座借越」の状態になっているといいます。

　「当座借越」の状態になっているというのは銀行から借入をしているのと同様です。

　負債がある状態を分かりやすくするために決算時は負債の勘定科目の「借入金」もしくは「当座借越」という勘定科目に変更をします。どちらの勘定科目を使うかは問題の指示に従います。

　取引の結果、決算時に当座借越の状態になった例をみてみましょう。

現金・預金アタック②

取引　1　当座預金口座を開設し、現金 1,000,000 円を預け入れた。借越限度額 500,000 円の当座借越契約を結んだ。

借　　　方		貸　　　方	
当　座　預　金	1,000,000	現　　　　　金	1,000,000

取引　2　1,300,000 円の商品を仕入れ、小切手を振り出して支払った

借　　　方		貸　　　方	
仕　　　　　入	1,300,000	当　座　預　金	1,300,000

取引　3　決算を迎えた。上記 2 取引の結果、当座預金口座が 300,000 円の当座借越の状態となっている。当社は当座借越勘定を利用していない。

借　　　方		貸　　　方	
当　座　預　金	300,000	借　　入　　金	300,000

　この仕訳をすることにより、期末の当座預金の残高はゼロになります。

当座預金と借入金の総勘定元帳の動きをみてみましょう。

当 座 預 金				借 入 金			
1	1,000,000	2	1,300,000			3	300,000
3	300,000						

取引3の仕訳によって当座預金の残高は借方と貸方が同じとなり残高ゼロとなります。

なお、「当座借越」の勘定科目を用いる場合は取引3の仕訳は以下の通りとなります。

取引 | 決算を迎えた。上記2取引の結果、当座預金口座が 300,000 円の当座借越の状態となっている。当社は当座借越勘定を利用している。

借 方		貸 方	
当 座 預 金	300,000	当 座 借 越	300,000

❺ 複数の口座があるときの処理

　会社は大きくなってくると遠方にも拠点を置くことがあります。このとき、銀行の口座が本社の近くの1つだけだと銀行の手続が不便になります。また使用用途に応じて口座を複数作ることもあります。

　A銀行、B銀行の当座預金の記録がすべて「当座預金」という1つの勘定科目ですと、各銀行の口座にどれだけ残高があるのか分かりにくくなってしまします。

　このため、銀行ごとに勘定科目をつくります。例えばA銀行の当座預金ですと「当座預金A銀行」という勘定科目を利用します。

　例えば「奈良商店から1,000,000円の商品を仕入れ、A銀行の当座預金から小切手を振り出して支払った。当社は複数の金融機関を利用しており、他の銀行にも当座預金口座を開設しているため、口座ごとに勘定を設定している。」という場合、

借 方		貸 方	
仕 　 　 入	1,000,000	当 座 預 金 A 銀 行	1,000,000

となります。

当座勘定照合表ってなに

Point

♤当座勘定照合表は、当座預金の入出金について記載され、定期的に金融機
　関から送付されます。

♤当座勘定照合表の内容を読み取り、その情報をもとに仕訳を行います。

❶　当座勘定照合表ってなんのこと

　当座預金は頻繁に入出金があることから、一般的には当座預金には通帳が
ありません。通帳の変わりとして、銀行が定期的に送ってくるものが当座勘
定照合表です。

　会社ではこの当座勘定照合表の入金・出金の記録や残高と照らし合わせる
ことにより「当座預金」の勘定科目への日々の記録が間違いないかを確認し
たり、当座勘定照合表に基づいて仕訳を記録したりします。

　当座勘定照合表は、おおむね図表30のような様式になっています。

【図表30　当座勘定照合表】

x7 年 8 月 31 日

当座勘定照合表

大阪商店　様

セルバ銀行大阪支店

取引日	摘要	お支払金額	お預り金額	取引残高
8.21	小切手引落（No.126）	200,000		記載省略
8.23	お振込　兵庫商店	300,000		
8.23	お振込手数料	200		
8.24	お振込　奈良商店		1,000,000	
8.25	融資ご返済	300,000		
8.25	融資お利息	2,000		

取引が起きた日のこ
とで仕訳を計上する
日付と一致します。

取引の説明が簡潔に
書かれており、勘定
科目がわかります。

当座預金口座から
の出金金額が記載
されています。

当座預金口座へ
の入金金額が記載
されています。

預金口座の残
りが記載され
ています。

4 小口現金ってなに

Point

♤ 日常の少額の経費の支払いに「小口現金」を利用した処理をすることで、仕訳の数を減少させることができます。

♤「小口現金」を利用する場合、「小口現金出納帳」という専用のノート（帳簿）を利用することになります。

♤「小口現金」の補充は、通常、担当者に小切手を渡すことで一括して処理しますが、補充は週末補充と翌週補充とがあります。

♤「小口現金」の勘定科目は、資産の勘定科目です。

❶ 小口現金ってなんのこと

　通常、仕訳は取引の数だけあるといわれています。しかし、金額の僅かなものについて、仕訳を行い、転記・集計する作業を行うことは、かなりの労力が必要になります。このため、ある程度、小口の取引については、別の用紙にまとめておき、1週間ごとにその別の用紙の結果を仕訳に反映させることになります。

| 通常の処理 | 日々の現金について、すべて仕訳を行うことは、煩雑になることがある。(仕訳の数も増加する) |

経理部

支払い都度仕訳を作成

　そのような状況に対応するためにまず、小口現金を管理する者（小口現金出納係といいます）を指定し、その小口現金出納係に小口現金を一定金額前渡ししておく方法が取られています。

　この場合日々の少額の入出金は、小口現金出納帳で記録し、一定期間（通常は1週間）ごとに小口現金出納係から報告を受けるともに、仕訳を起こ

し、小口現金出納係にその金額と同額の金額を渡します。

　仕訳は、前渡しの現金を渡したときと小口現金出納係から報告を受けたときになります。現金の渡し方は、報告時に渡す方法（週末補給）と翌週渡す方法（翌週補給）があります。

　小口現金出納帳は、通常の現金受け払いを記入するだけでなく、内訳という欄において、頻出する勘定科目を設定することで、１週間の集計を取りやすくするとともに、合計をチェックすることで、残高の正しいことを検証することになります。

小口現金制度　　経理部は、小口現金出納係に資金を渡した時と報告を受けた時に仕訳をする。

経理部

小口現金出納係

支払　報告　支払

小口係は、元帳以外の専用のノートで日々の小口現金の動きを管理し、1週間（1カ月）単位で、内容を報告する制度

「小口現金出納帳」に記録

小口係に出金した時
小口係から報告があった時

① 資金の前渡時

　経理係は小切手を振り出して、小口現金出納係に渡します。この場合、「小口現金」（資産）の勘定科目の増加と「当座預金」（資産）の勘定科目の減少として処理します。

　小口現金は、経理係からすれば、小口現金出納係に渡しているという意味で、銀行に預金していることと同じ状態である。また、経理係から小口現金出納係へ「小切手の振出し」による資金補充が多く行われている。

取引　小口現金出納係に、小切手10,000円を振り出して支払った。

借　　　方		貸　　　方	
小　口　現　金	10,000	当　座　預　金	10,000

② 小口現金での支払時

　次に小口現金出納係は、交通費や電話代などいろいろな支払先に対して支払いを行います。

　このとき、小口現金出納係は「小口現金出納帳」にその出金の都度記載し

ますが、簿記上は、このタイミングでは仕訳は行いません。

　実務上はありませんが、日商簿記検定においては記載すべき仕訳がない場合「仕訳なし」と記入することも解答の1つです。

借　　　　方	貸　　　　方
仕訳なし	

③　支払報告時

　一定期間（通常は1週間）が経ったら、小口現金出納係は経理係に支払報告を行います。

　簿記上では、小口現金出納係が報告してきた時点（日付で）で、経費の支払いについての1週間分の勘定科目別の合計金額で仕訳を行います。

取引　小口現金出納係から、旅費交通費3,000円、通信費1,000円、消耗品費2,000円の合計6,000円を支払ったとの報告を受けた。

借　　　　方		貸　　　　方	
旅 費 交 通 費	3,000	小 　口 　現 　金	6,000
通 　　信 　　費	1,000		
消 　耗 　品 　費	2,000		

④　補給時

　小口現金出納係が支払った小口現金と同額の小切手を振り出して渡します。

　前渡時と同じ仕訳を行うことになります。

取引　6,000円の小切手を小口現金出納係に渡した。

借　　　　方		貸　　　　方	
小 　口 　現 　金	6,000	当 　座 　預 　金	6,000

❷　定額資金前渡制度（インプレスト・システム）

　小口現金を小口現金出納係に渡す方法として、必要な都度、必要な金額を渡す方法と、小口現金の金額を定めておき、小口現金出納係が使用した分だけ補填する方法があります。

　多くの会社は、後者の方法を採用しており、この方法を定額資金前渡制度（インプレスト・システム）といいます。

❸ 小口現金出納帳の記入のしかた

小口現金出納帳は、小口現金をいつ、どのような経費に、いくら使ったかについて記録するための帳簿のことで、小口現金出納係が記録を行います。補給のタイミングで2つの記入方法があります。

前ページの取引を例として記入例を示しましょう。

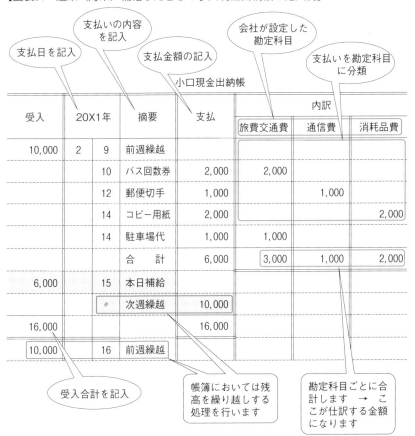

① 週末（月末）補給

使った経費を週末（月末）に補給する方法です。週末（月末）に報告を受け、その日のうちに小口現金の補給をすることです。

【図表31　週末（月末）補給したときの小口現金出納帳の記入例】

支払日を記入

支払いの内容を記入

支払金額の記入

会社が設定した勘定科目

支払いを勘定科目に分類

小口現金出納帳

受入	20X1年		摘要	支払	内訳		
					旅費交通費	通信費	消耗品費
10,000	2	9	前週繰越				
		10	バス回数券	2,000	2,000		
		12	郵便切手	1,000		1,000	
		14	コピー用紙	2,000			2,000
		14	駐車場代	1,000	1,000		
			合　　計	6,000	3,000	1,000	2,000
6,000		15	本日補給				
	〃		次週繰越	10,000			
16,000				16,000			
10,000		16	前週繰越				

受入合計を記入

帳簿においては残高を繰り越しする処理を行います

勘定科目ごとに合計します　→　ここが仕訳する金額になります

② 翌週（翌月）補給

　使った経費を翌週（翌月）に補給する方法です。週末（月末）に支払報告を受け、翌週（翌月）のはじめに小口現金を補給することです。

【図表32　翌週（翌月）補給したときの小口現金出納帳の記入例】

前週に利用した分の補充

週末補給と同じ

小口現金出納帳

受入	20X1年		摘要	支払	内訳		
					旅費交通費	通信費	消耗品費
5,000	2	9	前週繰越				
5,000	〃		本日補給				
		10	バス回数券	2,000	2,000		
		12	郵便切手	1,000		1,000	
		14	コピー用紙	2,000			2,000
		〃	駐車場代	1,000	1,000		
			合　　計	6,000	3,000	1,000	2,000
		〃	次週繰越	4,000			
10,000				10,000			
4,000		16	前週繰越				
6,000		〃	本日補給				

補給時の日付

次週へ繰越の残高は補充前になります

　小口現金出納帳については、どこに何を記載するかを覚えておく必要があります。

　週末（月末）補給か翌週補給かについては、問題文に明記されていることは少なく、小口現金出納帳の形式で判断することになります。

　ポイントは、小口現金出納帳において「前週繰越」の下に、「本日補給」の記載があるかが①週末（月末）補給、②翌週（翌月）補給の判断のよりどころとなります。

♡現金・預金の記帳と仕訳処理にトライしてみよう

問題

1. 奈良商店から商品￥100,000を仕入れ、代金は小切手を振り出した。

2. 愛知商店に商品￥500,000を売り上げ、代金は同店振出の小切手で受け取り、ただちにN銀行の当座預金口座に預け入れた。当社は複数の金融機関を利用しており、他の銀行にも当座預金口座を開設しているため、口座ごとに勘定を設定している。

3. 決算を迎えた。当座預金口座が￥50,000の当座借越の状態となっているので適切な勘定に振り替える。なお当社は当座借越勘定を用いていない。

4. 決算を迎えた。当座預金口座が￥50,000の当座借越の状態となっているので適切な勘定に振り替える。なお、当社は当座借越勘定を用いている。

(第105回 第1問改題)

5. 取引銀行からの当座勘定照合表を参照したところ、次のとおりであった。各取引日について必要な仕訳を答えなさい。なお、兵庫商店と奈良商店は当社の商品の取引先であり、商品売買取引はすべて掛けとしている。また、小切手（No.126）は8月20日以前に振り出したものである。

x7年8月31日

当座勘定照合表

大阪商店　様

セルバ銀行大阪支店

取引日	摘要	お支払金額	お預り金額	取引残高
8.21	小切手引落（No.126）	200,000		記載省略
8.23	お振込　兵庫商店	300,000		
8.23	お振込手数料	200		
8.24	お振込　奈良商店		1,000,000	
8.25	融資ご返済	300,000		
8.25	融資お利息	2,000		

6. 次の取引にもとづいて小口現金出納帳に記入し、さらに週末における締切りと小切手の振り出しによる資金補充に関する記入を行いなさい。

なお、定額資金前渡制度（インプレスト・システム）を採用している。小口現金の報告および小切手による補給は毎週末の金曜日に行われている。

また、週末において会計係が行う仕訳を示しなさい。（小口現金勘定を用いて処理を行うこと。）

（第144回　第2問改題）

（5月10日から13日の取引）

5月10日（月）	タクシー代	￥2,800
11日（火）	ボールペン代	￥1,500
12日（水）	新聞購読料	￥2,400
13日（木）	バス運賃	￥750

小口現金出納帳

受入	20X1年		摘要	支払	内訳		
					旅費交通費	消耗品費	雑費
20,000	5	10	前 週 繰 越				
			合　　　計				
	5	14	本 日 補 給				
	〃		次 週 繰 越				
	5	17	前 週 繰 越				

解答

1　（借方）　仕　　　　　入　100,000　　（貸方）　当　座　預　金　100,000
2　（借方）　当座預金Ｎ銀行　500,000　　（貸方）　売　　　　　上　500,000
3　（借方）　当　座　預　金　50,000　　（貸方）　借　　入　　金　50,000
4　（借方）　当　座　預　金　50,000　　（貸方）　当　座　借　越　50,000
5　各日付の仕訳は以下の通り。

　8月21日　仕訳なし

　8月23日（借方）　買　掛　金　　300,000　　（貸方）　当　座　預　金　　300,000

　8月23日（借方）　支払手数料　　　　200　　（貸方）　当　座　預　金　　　　200

　8月24日（借方）　当　座　預　金　1,000,000　　（貸方）　売　掛　金　1,000,000

　8月25日（借方）　借　入　金　　300,000　　（貸方）　当　座　預　金　　302,000
　　　　　　　　　支　払　利　息　　2,000

6　　　　　　　　　　　　　　小口現金出納帳

受入	20X1年		摘要	支払	内訳		
					旅費交通費	消耗品費	雑費
20,000	5	10	前週繰越				
		〃	タクシー代	2,800	2,800		
		11	ボールペン代	1,500		1,500	
		12	新聞購読料	2,400			2,400
		13	バス運賃	750	750		
			合　　　計	7,450	3,550	1,500	2,400
7,450	5	14	本日補給				
		〃	次週繰越	20,000			
27,450				27,450			
20,000	5	17	前週繰越				

　（借方）　旅　費　交　通　費　3,550　　（貸方）　小　口　現　金　7,450
　　　　　　消　耗　品　費　1,500
　　　　　　雑　　　　　費　2,400
　（借方）　小　口　現　金　7,450　　（借方）　当　座　預　金　7,450

解説

1　小切手の振出は、当座預金（資産）の減少として処理をします。

2　「同店」と記述がある場合は、直前に記されている商店を示しています。他店振出小切手を受け取り、ただちに当座預金に預け入れたとある場合は、当座預金（資産）の増加として処理をします。複数銀行に口座がある場合、勘定科目も銀行ごとに管理します。問題に銀行名が記載されている場合は、勘定科目に銀行名を追加します。

3　当座借越の状態とは当座預金の口座の残高がマイナスとなっている状態で、銀行からお金を借りているのと同じことをいいます。期中は当座預金の勘定科目のみを増加させたり減少させたりしますが、決算時には負債があることをわかりやすくするために当座預金の勘定科目から負債に振替えます。

負債の勘定科目には借入金や当座借越が使われます。

本問では当座借越の勘定科目は使っていないとあるので、借入金の勘定科目を使います。

4　本問では当座借越の勘定科目を使っているとあるので、当座借越の勘定科目を使います。

5　摘要欄と入金額、出金額を手掛かりに勘定科目を決めます。

21日の小切手引落は「8月20日以前に振り出した」とあります。

20日より前に相手に小切手を渡したにもかかわらず、相手が小切手を銀行に持ち込み現金に変えたのは20日です。

小切手は相手に渡したときに、仕訳上当座預金の減少の記録を行います。相手がいつ現金化したのかは仕訳には関係ありません。

このため、20日以前に仕訳に記録済みのため、「仕訳なし」となります。

23日と24日はどちらもお振込とあり、兵庫商店と奈良商店は当社の商品の取引先で商品売買取引はすべて掛けとあります。

このため、売掛金・買掛金の決済ということがわかります。

23日はお支払金額の方に金額があることから仕入の結果起きた買掛金代金が当座預金から引き落としです（詳細はアタック3で学習します）。

24日はお預り金額の方に金額があることから売上の結果起きた売掛金の

入金です（詳細はアタック３で学習します）。

6　内訳欄の合計を勘定科目ごとに仕訳をします。さらに週末補給のため小口現金が、経理係より補充された仕訳を行います。

通常、週末補給の場合は、小口現金出納係の報告に基づいて仕訳とともに、小切手で補給した際の仕訳を同時に行うことになります。

なお、以上の２つの仕訳を合算して、次のように仕訳することもあります。

（借方）　旅 費 交 通 費　3,550　　　（貸方）　当 座 預 金　7,450

　　　　　消 耗 品 費　1,500

　　　　　雑　　　　　費　2,400

〈参考〉

　本問は、週末補給の問題ですが、翌週補給の「小口現金出納帳」として記載すると次のとおりになります。

小口現金出納帳

受入	20X1年		摘要	支払	内訳		
					旅費交通費	消耗品費	雑費
20,000	5	10	前 週 繰 越				
		〃	タクシー代	2,800	2,800		
		11	ボールペン代	1,500		1,500	
		12	新聞購読料	2,400			2,400
		13	バ ス 運 賃	750	750		
			合　　　計	7,450	3,550	1,500	2,400
		〃	次 週 繰 越	12,550			
20,000				20,000			
12,550	5	17	前 週 繰 越				
7,450		〃	本 日 補 給				

① 現金の範囲

簿記上の「現金」	=	通常のお金	+	通貨代用証券（他人振出小切手等）

② 小切手の処理

小切手を受け取ったとき→「現金」（資産）の増加。

ただし、「直ちに当座預金とした」の文言がある場合は「当座預金」。

小切手を振り出したとき→「当座預金」（資産）の減少。

③ 当座借越の処理

当座預金は当座借越契約がある場合、契約で定めた限度額の範囲で残高がゼロになっても引落をすることができます。決算を迎え、当座預金の残高がマイナスになっている場合、「当座借越」もしくは「借入金」の勘定科目に変更します。

どちらの勘定科目を使うかは問題文中に指示があります。

④ 当座照合表

当座預金は頻繁に入出金があり、通帳があるとかえって不便なため、通帳代わりに定期的に銀行より送付されるものです。

簿記においては、当座照合表をみて仕訳を行う問題が出題されます。

⑤ 小口現金

小口現金出納係に小口現金を一定金額前渡し（インプレスト・システム）
→簿記上仕訳が必要

日々の入出金は、小口現金出納帳で記録し、簿記上都度の仕訳はしません。

１週間ごとに小口出納係から報告時→簿記上仕訳が必要

合計で仕訳を起こすとともにその金額を小口現金出納係に同額の金額を渡します。（週末補給 or 翌週補給）

♥アタック2に出てきた仕訳を押さえておこう

1　大阪商店に500,000円の商品を販売し代金は同店振出の小切手で受け取った。

2　250,000円の備品を購入し、代金は現金で支払った。

3　現金3,500,000円を当座預金に預け入れた。

4　大阪商店に500,000円の商品を販売し、代金は同店振出の小切手で受け取りただちに当座預金とした。

5　奈良商店から1,000,000円の商品を仕入れ、小切手を振り出して支払った。

6　東京商店へ500,000円の商品を販売し、代金は当店振出の小切手で受け取った。

7　決算を迎えた。当座預金口座が300,000円の当座借越の状態となっている。当社は当座借越勘定を利用していない。

8　決算を迎えた。当座預金口座が300,000円の当座借越の状態となっている。当社は当座借越勘定を利用している

9　小口現金出納係に、小切手10,000円を振り出して支払った。

10　小口現金出納係から、旅費交通費3,000円、通信費1,000、消耗品費2,000円の合計6,000円を支払ったと報告を受けた。

　少し難しい話になりますが、会計の世界においては、いくつかのルールがあります。このルールは正式には、「会計公準」と呼ばれ、仕訳等の処理を行ったり決算書を作成するときには、必ず守らなければならないものです。

　そのルール（会計公準）の中に、貨幣価値の公準というものがあります。これは、決算書を作成するに当たっては、すべて貨幣価値に置き換えて処理を行うというものです。

　太古の狩猟時代においては、人々は、自ら狩したものを交換しあうという物々交換の時代でした。この時代においては、例えば、狩猟した牛の肉1キロと畑で収穫した米1キロを交換するということをしていました。しかし、この交換では、欲しい物が必ず手に入る保証もなく、また交換も公平ではありませんでした。このため、貨幣という共通の交換できるものが開発されました（江戸時代などは、貨幣は存在していましたが、税金は、貨幣ではなく、米や布で年貢として納めていました）。

　社会が発達するにつれ、貨幣の役割は大きくなり、貨幣中心の世界になりました。人々は、物に貨幣価値をつけ、自ら欲しいものについては、その物と交換する貨幣を用意して、欲しいものを手に入れることになりました。現在でも、貨幣が存在せずに、物々交換を行っている地域もあるようですが、多くの世界では、貨幣が利用されています。

　商売において、どれだけ儲かったのかについて報告するために簿記の仕組みが考え出されたことから、その報告書は、貨幣の価値ですべてあらわしていこうとルール化されました。これが、貨幣価値の公準といわれています。

　同じ貨幣でも国や地域によって使われる貨幣（通貨）が異なりますが、簿記を利用して作成される決算書はすべてその国や地域の通貨の表示で作成されています。

商品売買

　商売の基本は、モノを仕入れてモノを売ることです。会社の取引の中では、一番多い取引の基本を学習します。

　モノを売ったとき、モノを仕入れたとき、そしてその代金を支払うとき、代金をもらうときそれぞれどんな処理をするのか。

　それぞれのシーンを思い浮かべながら学習しましょう。

仕入ってなに

Point

♤商売をするためには、販売するモノを購入しなければなりません。販売するモノを購入することを「仕入」といいます。

♤仕入取引には、一定の流れがあります。この流れに従って処理します。

♤通常、代金の決済を簡便にするために、信用取引という取引形態を利用しています。その際には、商品を引き渡した際に「買掛金」という勘定科目を使用します。

❶ 仕入ってなんのこと

　会社は商売をして儲けるために、販売するための商品（モノ）を購入して売るという活動を行っています。このような販売するための商品を購入する取引を仕入といいます。

　言い換えれば、仕入は商品を販売し、収益を上げるための費用ともいえます。

　それらの商品を仕入れたときには、「仕入」（費用：商品を購入するために支払ったもの）の勘定科目で処理します。

❷ 仕入取引の流れは

　一口に仕入といっても、実際の取引では、一定の流れがあります（図表33）。

　モノを購入する場合を考えてみてください（皆さんが、お店で何かを買う場合を想定してみてください）。

　通常、お店等で対面で購入する場合は、図表33の４つのステップは同時に行われます。

　それぞれの行為（取引）が明確にわかれてなくても、４つのステップの期間や順序が変わる場合もありますが、必ず４つのステップは暗黙のうちに行われています。

【図表33　仕入取引の流れ】

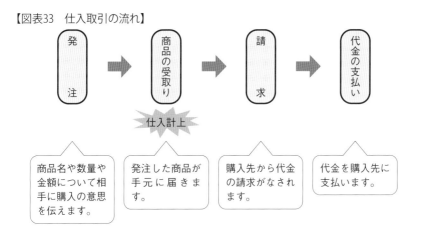

簿記上の取引をもう少し、厳密に考えてみましょう。

商品の到着は、販売するための商品を受け取ったわけですから、「仕入」（費用）の勘定科目の増加ととらえます。

同時に、代金を支払わなければならない義務を負う（負債の増加）ことになります。

また、代金の支払いでは、現金等が減少することになります。同時に、代金を支払わなければならない義務は減少することになります。

簿記の取引は、「物やお金が動いたときに、簿記上の取引として認識する」わけですから、仕入は商品が到着したときに、仕入の事実を認識します。

すなわち、商品が到着した時点で「仕入」（費用）の勘定科目の増加として処理します。

取引　福岡商店から1,000,000円の商品を仕入れ、代金は現金で支払った。

借　　　　　方		貸　　　　　方	
仕　　　　　入	1,000,000	現　　　　　金	1,000,000

では、商品を仕入れたケースを考えてみましょう。

この取引の場合、商品の受取りと同時に代金の支払いを行っています。

すなわち、仕入（費用）が記入されるとともに、現金の支払いである「現金」（資産）の勘定科目の減少が起こっています。

商品売買
アタック③

❸ 仕入の信用取引ってなんのこと

❷では、商品の仕入が現金で行われた場合を取り上げました。これは、上記の図に照らせば、商品の到着と代金の支払いを同時に行った場合を考えています。

しかし、商取引では商品の代金を仕入と同時に現金で支払わず、ある程度まとめて、後日支払いをする取引が行われています。

これらの取引を信用取引といいます。信用取引では、仕入の請求をまとめる日である「締日」と代金の決済をする「支払日」が設定されます。

ここでは、「末締め翌末払い」のケースを図表34でみてみましょう。

【図表34 仕入の信用取引例】

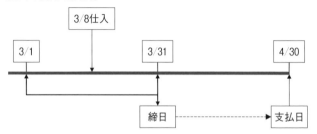

末日締めということは、前月の末日から当月末日までに取引したものを合計するという意味です。この例でいけば、3月8日に仕入れたものは、その次の末日である3月31日に一括請求され、その翌月の末日である4月30日に支払うということになります。

商品の仕入から代金の支払いまでの間は、商品は手元にあるが、代金を後日支払わなければならないという義務を有しています。

後日支払うという形には、契約書や口頭で支払いを約束する方法と、手形という証券を渡すことで、後日の支払いを約束する方法があり、前者を掛取引といい、後者を手形取引といいます（図表35）。

【図表35 信用取引】

① 掛取引（買掛金）

　書面や口頭で仕入た商品の代金を、いつ支払うか事前に決めておく取引です。「仕入」の勘定科目は、商品の到着した時点で処理をしなければならず、その時点で後日支払うという事実が確定しています。

　これらの後日支払うという義務を表す科目として、「買掛金」（負債：後日、仕入代金を支払う義務が発生する）の勘定科目で処理します。

　なお、簿記の問題では、「代金は掛けとした」「月末払いとした」、「後日支払うこととした」という文言で表現されます。

取引　鹿児島商店より1,000,000円の商品を仕入れ、代金は掛けとした。

借	方	貸	方
仕　　　　　入	1,000,000	買　　掛　　金	1,000,000

② 手形取引（支払手形）

　支払いの約束の証として、支払金額や支払期日の記載された証書を渡す取引です。詳しくはアタック4で解説します。

❹ 掛代金の決済ってなんのこと

　代金を後払いする「約束」の期日が到来し、代金を支払うことを決済といいます。

　掛取引や手形取引の場合は、この決済をすることで、支払わなければならないという義務である負債が減少し、商品を仕入れ、代金を支払うという取引の一巡が終了します。

取引　奈良商店への買掛金1,000,000円の決済のために、現金を支払った。

借	方	貸	方
買　　掛　　金	1,000,000	現　　　　　金	1,000,000

　買掛金の支払いが済めば、後日支払うという義務である負債は減少することから、負債の減少として左側（借方）に記入します。

　なお、買掛金の決済において手形（支払手形）を利用するケースもありますが、詳しくはアタック4で解説します。

❺ 返品・仕訳処理ってどうやればいい

　商品を仕入れたのち、代金の決済までの間、さまざまな理由で、商品を返品することがあります。その場合、仕入の金額（将来支払う金額）を減額します。

　このような場合、簿記では、「仕入れた事実がなかったもの」と考えて、処理します。簿記では、一度仕訳したものをなかったものにするには、取り消したい仕訳の反対仕訳、すなわち、「借方」（左側）と「貸方」（右側）の勘定科目を入れ替えることにより処理することができます。

　返品とは、送られてきた商品の品違い、汚れ、破損などの理由でいったん仕入商品を仕入先に返すことです。

　仕入商品を返品したときは、「仕入」（費用）の勘定科目の減少として処理をします。すなわち、返品の対象となった商品は仕入れていないという仕入取引の取消しを行います。

　では、一連の流れで仕訳をみてみましょう。

取引 　奈良商店より500,000円の商品を仕入れ、代金は掛けとした。

借　　　方		貸　　　方	
仕　　　　入	500,000	買　掛　　金	500,000

取引 　商品の一部につき品違いがあったので、100,000円分の商品を返品した。

借　　　方		貸　　　方	
買　掛　　金	100,000	仕　　　　入	100,000

　「仕入」（費用）の一部取消し（減少）と、「買掛金」（負債）の減少として処理します。

❻ 仕入諸掛の仕訳処理ってどうやればいい

　商品を仕入れる際にかかる運賃や保険料・手数料・関税・保管料などの費用を「諸掛（しょがかり）」といいます。

　これらの費用は販売者、購入者のどちらかが負担しなければならないという決まりはありません。商品を売買した当事者間でどちらが負担するかを決

定すればよいからです。

通信販売等で「送料無料」と言っているのは、送料は販売者が負担しているということです。そのため、これら諸掛を自分が負担する場合には、当然、費用として計上しなければなりません。

簿記では仕入に際して、自分が負担した費用（仕入諸掛）は特に指示がない限り、「仕入」の勘定科目で処理します。「仕入」の勘定科目は、商品の代金を仕訳として計上していることから、仕入諸掛がある場合には、商品そのものの金額と仕入諸掛の金額を合算して「仕入」の勘定科目に仕入金額として計上することになります。

取引　奈良商店から1,000,000円の商品を仕入れ、代金は掛けとした。なお、引取運賃100,000円は現金で支払った。

商品売買
アタック③

借	方	貸		方
仕　　　入	1,100,000	買　掛　金		1,000,000
		現　　　金		100,000

買掛金の金額は、仕入先に対して支払わなければならない金額であることから、当初の商品代金の金額が計上されます。

❼　手付金の処理（前払金）ってどうやればいい

本来、代金の支払いは、商品を購入した後に行うものですが、買うことの証として、予約金や手付金として先に代金の一部を払うことがあります。

「仕入」の勘定科目で処理するのは商品が到着した時であり、この場合、商品はまだ到着していないことから、簿記の仕訳として「仕入」の勘定科目で処理することができません。

しかし、このような場合でも、現金等を支払っているわけですから、何らかの形でその事実を仕訳しなければなりません。

そこで、商品を購入する前に支払ったお金という意味で「前払金」（資産：商品を買うことのできる権利）の勘定科目で処理します。

① 手付金（予約金）を支払ったとき

手付金を支払うことは、いわば将来商品を受け取る権利を買ったともいえ

ますので、「前払金」の勘定科目は資産のグループに所属し、その権利が増加したと考えます。

　なお、手付金は、商品代金の一部を前払いするのが通例です。

[取引] 奈良商店に500,000円の商品を注文し、予約金として100,000円を現金で支払った。

借　　　方		貸　　　方	
前　払　金	100,000	現　　　金	100,000

　この場合、仕訳の対象は支払った現金100,000円に対して処理することですので、100,000円分のみの仕訳をします。

② 商品を受け取ったとき

　手付金を支払って注文していた商品が到着した場合、商品が到着したことで、「仕入」（費用）の勘定科目で処理しますが、手付金部分は商品代金の支払いに充当されることから、その金額を支払われなければならない金額から控除します。

　商品が手元に届けば、その商品を受け取る権利は実行されて消滅（減少）すると考えてもよいでしょう。

[取引] 先日、注文した商品を受け取り、代金の残額は後日支払うことにした。

借　　　方		貸　　　方	
仕　　　入	500,000	前　払　金	100,000
		買　掛　金	400,000

　仕入はあくまでも商品の受取りですから、「仕入」の勘定科目の金額は、お金を先に渡していても、対象となる商品の金額である500,000円になります。

　また、商品を仕入れた際に代金の支払義務が発生しますが、商品の購入のために、前払金として100,000円はすでに支払済みであることから、支払義務の金額は前払金の100,000円を引いた400,000円となります。

　また、商品を受け取ったのですから、商品を受け取るための権利である「前払金」（資産）の勘定科目は減少することになります。

2 売上ってなに

Point

♤売上とは、商売において、購入したモノを販売することです。

♤売上取引には、一定の流れがあります。この流れに従って処理します。

♤通常、代金の決済を簡便にするために、信用取引という取引形態を利用しています。その際には、商品を引き渡した際に「売掛金」という勘定科目を使用します。

❶ 売上ってなんのこと

会社は商売をして儲けるために、仕入れた商品（モノ）を販売します。このような取引を売上といいます。

会社は、さまざまな経費を使って収益をあげます。つまり、商品やサービスを提供することで、儲けるために収益を得ることを目的としています。

本書では、商品を例に上げていますが、会社にとって収益を得る目的で商品の販売やサービスの提供をしたことに使われる勘定科目はすべて「売上」（収益：商品を販売した際に得た収入）の勘定科目で処理します。

❷ 売上取引の流れは

一口に売上といっても、実際の取引では、一定の流れがあります（図表36）。モノを販売する場合を考えてみてください。

仕入のときと同様に、お店等で対面販売する場合にも、図表36の4つのステップは同時に行われます。

簿記上の取引に該当するのは、財産等が移動した取引ですので、4つのステップのうちでは、商品の出荷と代金の回収が該当することになります。

簿記上の取引をもう少し厳密に考えてみましょう。

商品の出荷は、商品の販売をしたわけですから、収益は増加していることから、「売上」の勘定科目の増加ととらえます。同時に、代金を回収できる

【図表36　売上取引の流れ】

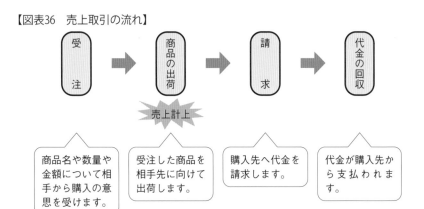

権利を獲得する（増加する）ことになります。

　また、代金の回収では、現金等が増加することになります。同時に、代金を受け取れる権利は消滅（減少）することになります。

取引		大阪商店に1,500,000円の商品を売り上げ、代金は現金で受け取った。	

借　　　方		貸　　　方	
現　　　　　金	1,500,000	売　　　　　上	1,500,000

❸　売上の信用取引ってなんのこと

　❷では、商品の販売が現金で行われた場合を取り上げました。これは上記の図表36に照らせば、商品の出荷と代金の回収が同時に行われた場合を考えています。店頭で商品を販売している場合には、この取引の形態が行われています。

　しかし、大量の商品を売買するような場合や遠隔地への配送による取引の場合などには、商品を仕入れた際にも、商品の仕入と同時に代金を支払うのではなく、ある程度まとめて、後日支払うという信用取引を説明しましたが（P72参照）、販売する際にも、商品の販売と同時に代金を回収するのではなく、ある程度の期間の販売分をまとめて、後日請求するといった信用取引が行われています。

　仕入のときと同様に、後日に請求するという形には、契約書や口頭で請求、回収の約束をする方法（掛取引）と手形という証券を受け取ることで、後日の回収を約束する方法（手形取引）があります。

① 掛取引（売掛金）

　書面や口頭で現金をいつもらうかを事前に決めておく取引です。販売した側については、後日現金を受け取ることができるという意味で「売掛金」（資産：後日、売上代金を受け取る権利）という資産グループの勘定科目で処理します。

　簿記では、「代金は掛けとした」、「月末（後日）受け取ることとした」といった文言で表現されます。

取引　　大阪商店に1,500,000円の商品を売り上げ、代金は掛けとした。

借　　　　方		貸　　　　方	
売　掛　金	1,500,000	売　　　上	1,500,000

② 手形取引（受取手形）

　支払いの約束の証として、支払金額や支払期日の記載された証書を売り手から受け取る取引です。詳しくはアタック4で解説します。

❹　掛代金の決済ってなんのこと

　代金を受け取る「約束」の期日がきました。代金を受け取ることで、掛取引や手形取引で受け取った権利である資産が減少します。商品（モノ）を販売し、代金を回収するという販売取引の一巡が終了します。

取引　　大阪商店への売掛金1,500,000円について、期日に1,500,000円を現金で受け取った。

借　　　　方		貸　　　　方	
現　　　金	1,500,000	売　掛　金	1,500,000

❺　返品の仕訳処理ってどうやればいい

　販売したものの、品違いや汚れなどを理由に、販売先からの依頼により代金の一部を減額することがあります。

　現金取引の場合には、販売した時点で品違い等の状況を判断できるので、返品の処理が発生するのは掛取引が前提になります。

① 返品とは

返品とは、売り上げた商品の品違い、汚れ、破損などの理由で商品が戻ってくることです。

売上商品の返品を受けたときは、「売上」（収益）の減少として処理をします。

すなわち、返品の対象となった商品は、売上をしなかったという売上取引の取消しを行います。

では、一連の流れをみてみましょう。

取引　大阪商店に1,000,000円の商品を売り上げ、代金は掛けとした。

借　　　方		貸　　　方	
売　掛　金	1,000,000	売　　　　上	1,000,000

取引　上記商品の一部に品違いがあったので、100,000円分の商品の返品を受けた。

借　　　方		貸　　　方	
売　　　　上	100,000	売　掛　金	100,000

「売上」（収益）の一部取消し（減少）と、「売掛金」（資産）の勘定科目の減少として処理します。

❻　手付金の処理（前受金）ってどうやればいい

商品を販売する場合、販売する商品の引渡しの前に販売することの証として、予約金や手付金として先に販売代金の一部を受け取ることがあります。

図表36のように「売上」の勘定科目で処理するのは、商品を引渡した時であり、この場合は簿記では、商品はまだ、引渡しを行っていないことから、売上を計上することはできません。

しかし、現金等を受け取っているわけですから、何らかの形でその事実を仕訳しなければなりません。

そこで商品の販売の前にお金を受けとったという意味で「前受金」（負債：商品を売らなければいけない義務）の勘定科目で処理します。

① 手付金（予約金）を受け取ったとき

　手付金を受け取るということは、将来商品を引き渡さなければならない義務といえますので，「前受金」の勘定科目は負債のグループに所属し、その義務が増加したと考えます。なお，手付金は商品代金の一部を前受けするのが通例です。

取引　大阪商店より1,500,000円の商品の注文を受け、予約金として100,000円を現金で受け取った。

借　　　　方		貸　　　　方	
現　　　　金	100,000	前　受　金	100,000

　この場合、商品の代金に関係なく仕訳の対象は受け取った現金100,000円に対して処理します。

② 商品を引き渡したとき

　商品を引き渡した際に「売上」を計上するとともに、事前に預っていた現金（前受金として処理していたもの）は代金の回収とみなして処理します。

取引　上記注文を受けた商品を引き渡し、代金の残額は後日受け取ることにした。

借　　　　方		貸　　　　方	
前　受　金	100,000	売　　　　上	1,500,000
売　掛　金	1,400,000		

　商品を引き渡せば、商品を販売しなければならない義務がなくなることから、「前受金」（負債）の勘定科目の減少として処理します。

❼　販売諸掛の仕訳処理ってどうやればいい

　商品を販売した際の運賃や保険料・手数料・関税・保管料などの費用を「諸掛（しょがかり）」といいます。これらの費用は、誰が負担するかについて決まりはありません。当事者同士で決定されます。

　誰が負担するのかのケースを考えてみれば、①当方負担（売上側の負担）、②先方負担（購入者側の負担）・当方立替（売上側の負担）、③先方負担（購入者側の負担）・先方支払（購入者支払）の3つのケースが考えられます。

注：仕入の場合も同様に3つのケースが考えられますが、現実的には1つですので、74ページの解説は1つのケースのみにしています。

　しかし、簿記上は、誰が負担（費用を計上）するかにかかわらず、現金等を支出した場合には、記録しなければなりません。

　「大阪商店に商品1,500,000円を売り上げ、代金は掛けとした。なお、発送運賃100,000円を現金で支払っている」という取引をそれぞれのケースでみてみましょう（この100,000円の計上のしかたに注目してください）。

① 当方負担（売上側の負担）のケース

　売上取引と同時に、「発送費」（費用）の勘定科目で処理します。通常売上側負担の場合は、購入側に請求はありませんので、通常に経費を支払ったときと同じように処理を行います。

借	方	貸	方
売　掛　金	1,500,000	売　　　上	1,500,000
発　送　費	100,000	現　　　金	100,000

② 先方負担（購入者の負担）、当方立替（売上側の支払い）のケース

　商品の売上に付随して発生した経費ですが、当方があくまでも購入者のために立替払いしたという意味です。

借	方	貸	方
売　掛　金	1,600,000	売　　　上	1,500,000
		現　　　金	100,000

　いろいろな考え方はありますが、商品を掛けで販売したときは、請求先は商品代金も立替の運賃も同じ相手であることから、売掛金に含めて処理します。

③ 先方負担（購入者の負担）先方支払（購入者支払）のケース

　先方が負担するため、通常どおり売上は売上取引とする。そもそも発送費に関するお金の動きがないため、運賃に関する仕訳はありません。

借	方	貸	方
売　掛　金	1,500,000	売　　　上	1,500,000

3 クレジット売掛金ってなに

Point

♤商品を売るときに取引先がクレジットカードを使うことがあります。この場合には、通常の「売掛金」と区別して、「クレジット売掛金」勘定で処理します。

♤代金の回収は、まとめて、クレジット会社（信販会社）から入金されます。

❶ クレジット売掛金ってなんのこと

商品皆さんの中にはモノを購入されるときにクレジットカードを使われる方もたくさんいらっしゃると思います。

会社が商品を売るときに取引先がクレジットカードを使うこともあります。この場合会社では通常の売掛金に代わって「クレジット売掛金」という勘定科目を使います。

【図表37　クレジットカードを介入した取引の流れ】

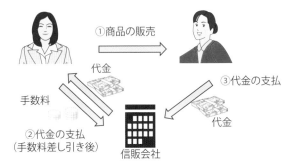

①商品の販売
代金
③代金の支払
手数料
②代金の支払
（手数料差し引き後）
代金
信販会社

少し難しい話になりますが、売掛金は、将来お金を受け取ることのできる権利をあらわしています。クレジットを使った売上の場合、図表37のように、お金を受取れる相手は、クレジット会社ということになります。

一方で、売掛金は、得意先ごとの売上と入金について確認できるように、売掛金の補助元帳を作成して、得意先ごとに管理しています。クレジット会社に対しては、複数の販売先のものをまとめて、回収を代行して入金してく

れることになることから、通常の「売掛金」と区別して、「クレジット売掛金」という勘定科目を利用して、管理をしやすくしているのです。

❷ クレジット売掛金の処理ってどうやればいい

代金は信販会社から入金されます。

通常は自分で取引先から売掛金を回収しますが、信販会社が取引先から代金を回収します。このため信販会社に手数料を支払う必要があります。手数料は信販会社からの入金時に差し引かれます。

手数料は費用の勘定科目「支払手数料」を使います。

① 商品を売り上げたとき

信販会社からクレジット売掛金の入金があるときに手数料が差し引かれた金額が入金されることがあらかじめわかっています。このため、売上を計上するときに支払手数料も計上します。このため、クレジット売掛金の計上額は手数料を差し引いた金額となります。

商品500,000円をクレジット払いの条件で販売するとともに信販会社へのクレジット手数料（販売代金の4%）を計上した。

| 取引 | 商品500,000円をクレジット払いの条件で販売するとともに信販会社へのクレジット手数料（販売代金の4%）を計上した。 |

借	方	貸	方
クレジット売掛金	480,000	売　　　　上	500,000
支 払 手 数 料	20,000		

支払手数料は代金の4%ですので500,000×4%=20,000円となります。

信販会社からの入金は手数料が差し引かれますのでクレジット売掛金は500,000-20,000=480,000円と計算します。

② 信販会社から入金があったとき

信販会社からは手数料が差し引かれて入金されますのでクレジット売掛金の減少として記録します。

| 取引 | 当座預金口座に上記で計上したクレジット売掛金の入金があった。 |

借	方	貸	方
当 座 預 金	480,000	クレジット売掛金	480,000

♡商品売買の記帳と仕訳処理にトライしてみよう

問題

1. 先週掛けで売り上げた商品90個（@￥5,000）のうち、本日、3分の1が戻り、代金は掛代金から控除した。　　　　（第113回　第1問改題）

2. 商品￥100,000を仕入れ、代金のうち￥20,000はすでに支払ってある手付金で充当し、残額は掛けとした。　　　　（第115回　第1問改題）

3. かねて京都商店より掛けで仕入れ、大阪商店に対して掛けで販売していた商品35ケース（取得原価@￥7,500、売価@￥10,000）のうち、2ケースが品違いのため返品されてきた。　　　　（第114回　第1問改題）

商品売買
アタック③

4. 横浜商店から商品￥900,000を仕入れ、代金のうち、￥200,000は注文時に支払った手付金と相殺し、残額は小切手を振り出して支払った。

　　　　（第95回　第1問改題）

5. かねて注文しておいた商品￥400,000を仕入先茨城商店から仕入れ、注文時に支払った手付金￥40,000を控除し、残額については小切手を振り出して支払った。なお、引取運賃￥5,000については現金で支払った。

　　　　（第100回　第1問改題）

6. 滋賀商店へ商品￥500,000を売り渡し、代金のうち￥300,000については、同店振出の小切手を受け取り、残額については月末に受け取ることにした。なお、滋賀商店負担の発送運賃￥5,000については小切手を振り出して立替払いした。（立替金勘定は使用しないこと）

　　　　（第116回　第1問改題）

7. 商品￥100,000をクレジット払いの条件で販売するとともに信販会社へのクレジット手数料（販売代金5％）を計上した。

解答

1.	(借方)	売 上	150,000	(貸方)	売 掛 金	150,000		
2.	(借方)	仕 入	100,000	(貸方)	前 払 金	20,000		
					買 掛 金	80,000		
3.	(借方)	売 上	20,000	(貸方)	売 掛 金	20,000		
4.	(借方)	仕 入	900,000	(貸方)	前 払 金	200,000		
					当 座 預 金	700,000		
5.	(借方)	仕 入	405,000	(貸方)	前 払 金	40,000		
					当 座 預 金	360,000		
					現 金	5,000		
6.	(借方)	現 金	300,000	(貸方)	売 上	500,000		
		売 掛 金	205,000		当 座 預 金	5,000		
7.	(借方)	クレジット売掛金	95,000	(貸方)	売 上	100,000		
		支 払 手 数 料	5,000					

解答

1. 売上商品の返品を受けたときは、「売上」(収益)の減少として処理をします。すなわち、返品の対象となった商品は売上をしなかった、売掛金も発生しなかったという「売上および売掛金の取消し」の仕訳をします。商品90個(@￥5,000)の3分の1、￥150,000を売上と売掛金それぞれから控除します。

2. この商品￥100,000分の仕入が発生する以前に、￥20,000の前払金の処理がなされていることが前提です。前払金(資産)の減少として処理をするとともに、残額￥80,000を買掛金の発生とします。

3. 売上に関する返品問題です。返品は、「売上」(収益)の減少として処理するので￥20,000分の返品を売上と売掛金それぞれから控除します。

4. この仕訳の前に手付金を支払った処理が行われています。手付金は「前払金」で処理されていますので、そちらを支払手段の1つとして利用残額は、小切手で支払っていますので、「当座預金」とします。

5. 引取運賃の￥5,000は、「仕入」に含めて、処理します。

6. 商品を販売した際の諸掛について、先方負担・当方立替のケースの設問です。「立替金勘定は使用しない」とあるように、請求先が同じ相手であることから、「売掛金」に含めて処理をします。

7. 取引先がクレジットカードで支払った場合は「クレジット売掛金」を使用します。代金入金は後日信販会社からありますが、手数料を差し引かれた金額しか入金されないので売上を計上するときにあらかじめ、手数料を費用として計上し入金予定額をクレジット売掛金に計上します。

♥超重要キーワード／商品売買これだけは覚えよう

① 商品売買の流れ

仕入取引は、図のような手順を踏みます。

商品が到着したときに「仕入」勘定を用いて仕訳を行います。

商品の出荷時に「売上」勘定を用いて仕訳を行います。

② 信用取引

商品の受渡しの際に現金の授受を行わずに、後日代金を受け取る方法を信用取引といいます。

信用取引には、掛取引と手形取引があります。

その際に使用する勘定科目は、次表のとおりです。

	仕入取引	売上取引
掛取引	買掛金	売掛金
手形取引	支払手形	受取手形

③ 返品

返品は、通常掛取引の際に行われます。仕訳上は、直前の売買取引がなかったものとして、反対仕訳を行います。

④　前払金の処理、前受金の処理

　　手付金は商品代金の一部を前払いすることをいいます。

　　金銭を支払ったときは、「前払金」の勘定科目で処理し、商品が到着した際に、仕入代金の一部を先に支払ったものとして、支払金額から控除します。

　　金銭を受け取ったときは、「前受金」の勘定科目で処理し、商品を販売した際に売上代金の一部をあらかじめ回収したものとして、販売代金から控除します。

⑤　諸掛の処理

　　商品の売買に関して、運賃や保険料、手数料等が発生する場合があります。これを諸掛（しょがかり）といいます。

　　諸掛の処理は、次のようになります。

⑴　商品を仕入れる側の処理

A　購入者負担で購入者が運賃等を別途現金で支払った場合

借　　　方		貸　　　方	
仕　　　　　入	105	買　　掛　　金	100
		現　　　　　金	5

運賃等の金額は「仕入」に含めて処理

B　売主負担で、売主が運賃等を支払った場合

仕入側では、現金等の支払いがないため仕訳なし

⑵　商品を販売する側の処理

A　売主負担で売主が運賃等を別途現金で支払った場合

借　　　方		貸　　　方	
売　　掛　　金	100	売　　　　上	100
発　　送　　費	5	現　　　　金	5

運賃等の金額は「発送費」で処理

B　購入者負担で、売主が立替えて支払った場合

借　　　方		貸　　　方	
売　　掛　　金	105	売　　　　上	100
		現　　　　金	5

運賃等の金額は「売掛金」に含めて処理

C　購入者負担で、購入者が支払った場合

　　　売主側では、現金の支払いがないため仕訳なし

⑥　クレジット売掛金の処理

　商品を売る際に取引先がクレジットカードを使った場合、「クレジット売掛金」の勘定科目で処理します。

　信販会社は取引先からの代金の回収を代わりにしてくれますので手数料を支払う必要があります。クレジット売掛金が入金されるときに手数料が差し引かれます。

　このため、商品を売った際に、あらかじめ支払手数料という費用も計上します。そして、クレジット売掛金は売り上げた金額ではなく、支払手数料控除後の金額で計上します。

─────────────────────────────────────

　　一口メモ　仕入や売上の諸掛の負担

　遠方の人と商品の売買した場合には、必ずその商品を売り手から買い手へ発送することが必要になります。この発送にかかる運賃については、売り手、買い手のどちらかが負担しなければならないという決まりはありません。

　このため、誰が負担するかによって、簿記上の取引にさまざまなケースが出てきます。

　いろいろ考えているとわからなくなりますので、簿記上、負担するということは、費用を計上することと考えてください。

　言い換えれば、負担する人が「発送費」の勘定科目で処理することを意味しています。

♥アタック3に出てきた仕訳を押さえておこう

1 福岡商店から1,000,000円の商品を仕入れ、代金1,000,000円は現金で支払った。

2 鹿児島商店より、1,000,000円の商品を仕入れ、代金は掛けとした。

3 奈良商店への買掛金1,000,000円の決済のために、現金を支払った。

4 奈良商店より500,000円の商品を仕入れ、代金は掛けとした。

5 上記商品の一部に品違いがあったので、100,000円分の商品を返品した。

6 奈良商店から1,000,000円の商品を仕入れ、代金は掛けとした。なお、引取運賃100,000円は現金で支払った。

7 奈良商店に500,000円の商品を注文し、予約金として100,000円を現金で支払った。

8 先日、注文した商品（500,000円）を受け取り、代金の残額は後日支払うことにした。

9 大阪商店に1,500,000円の商品を売り上げ、代金は現金で受け取った。

10 大阪商店に1,500,000円の商品を売り上げ、代金は掛けとした。

11 大阪商店へ売掛金1,500,000円について、期日に1,500,000円の現金を受け取った。

12 大阪商店に1,000,000円の商品を売り上げ、代金は掛けとした。

13 上記商品の一部に品違いがあったので、100,000円分の商品の返品を受けた。

14 大阪商店より1,500,000円の商品の注文を受け、予約金として100,000円を現金で受け取った。

15 上記注文を受けた商品を引き渡し、代金の残額は後日受け取ることにした。

16 大阪商店から残額の1,400,000円を現金で受け取った。

17 大阪商店に商品1,500,000円を売り上げ、代金は掛けとした。なお、発送運賃100,000円を現金で支払っている。（発送運賃は当方負担）

18 大阪商店に商品1,500,000円を売り上げ、代金は掛けとした。なお、発送運賃100,000円を現金で支払っている。（発送運賃は大阪商店負担）

19 大阪商店に商品1,500,000円を売り上げ、代金は掛けとした。なお、発送運賃100,000円は、大阪商店が支払った。

20 商品500,000円をクレジット払いの条件で販売するとともに信販会社へのクレジット手数料（販売代金の4％）を計上した。

21 当座預金口座に上記で計上したクレジット売掛金の入金があった。

世の中には様々な商売があり、様々なモノを仕入れ販売しています。

そのため、会社が何を仕入れ、何を販売するのかは当たり前ですが、全く会社の自由です。

簿記では、販売するモノを購入した時を仕入れと言って「仕入」の勘定科目を使っています。「仕入」は、簿記上販売するために購入した物品という意味を持っており、同じものを購入しても、販売する目的ではなければ、「仕入」という勘定科目は使いません。

例えば、事務機器を販売する会社であれば、販売するために購入したコンピュータは仕入になりますが、事務所で使用するために購入した場合には、「備品」になります。

このように、同じものを購入していても、すべての会社が「仕入」の勘定科目で処理をしているとはかぎりません。

ここまで学習された皆さんは売掛金の決済でお金が受け取れると思ったら、受取手形という言葉に変わっただけでお金は結局まだもらえていない。手形に代わったことに何の意味があるの？と思われる方がいらっしゃるかもしれません。

売掛金と違い実は受取手形は他の取引に使ったり、銀行に持ち込み現金化することができます。他の取引で取引先に支払をしなければいけないとき、新たな債務を負うかわりに、所有している手形を渡すことができます。これを手形の裏書といいます。

また、受取手形の期日より前にお金が必要となったときは銀行にもっていき手数料を支払えば、現金を受け取れます。これを手形の割引といいます。

売掛金よりも他に使い道があるという意味で、受取手形はより価値があるものといえます。

アタック
4

手形

　手形とは、お金を直接やり取りする代わりに、銀行を通じて簡単に処理するためにつくられた紙片です。手形は法律で細かく定められていることから、言葉も少し難しく感じられるかもしれません。

　しかし、簿記では一定のパターンを覚えてしまえばなんともありません。がんばりましょう。

手形ってなに

Point

♤ 手形は、商品等の代金の支払いまたは回収に利用されます。

♤ 簿記では、手形を受け取ったら「受取手形」（資産）の勘定科目を、代金
を手形で支払うときは「支払手形」（負債）の勘定科目で処理します。

❶ 手形ってなんのこと

　手形は、代金の支払いまたは回収の際に利用される紙片で、様式や記載す
べき事項等、法律上一定の要件のもとに作成された有価証券です。

　このため、用語自体は、難しくなじみにくいものですが、アタック 3 でも
ふれたように、手形を利用した取引は、信用取引の証明として利用されてい
ます。手形とは、簡単に言えば、「いつ、誰が、誰に、いくら払う」ことを
記載した紙片ということになります。

　簿記 3 級の手形取引では、難しいことはともかくとして、「いつ、誰が、誰
に、いくら払う」ということを把握することから始めましょう。

　簿記上の取引として、仕訳を行うためには、信用取引の証明として利用し
ていることから、簡単にいえば、お金を受け取る権利として手形を受け取っ
たか、お金を支払う義務として手形を振り出したかのどちらかになります。

　なお、手形で支払う（作成する）ことを「振り出す」といいます。

【図表38　約束手形のサンプル】

❷ 約束手形ってなんのこと

約束手形とは、例えば仕入代金のようなお金を支払う代わりに、「○か月たったら代金を支払います」と支払いを約束するために支払う人自ら発行する証券です（図表38）。

当たり前のことですが、商品を販売すればお金を受け取る権利があり、商品を仕入れればお金を支払う義務が発生しますので、お金を支払う人（商品の仕入を行った人）と手形を振り出す人は同一人物になります。

したがって登場人物は、お金を支払う人（「振出人」といいます）とお金を受け取る人（「名宛人」といいます）の2人になります（図表39）。

【図表39　約束手形のしくみ】

お金をもらうなら「受取手形」（資産：代金を受け取る権利）、お金を支払うなら「支払手形」（負債：後日、代金を支払う義務）の勘定科目で処理します。

通常の商売で考えれば、ものを売った人は、お金をもらう立場になることから、お金の代わりに手形を使うので、手形を受け取る人になります。

一方、ものを買った人は、お金を払う立場になることから、お金の代わりに手形を利用するので、通常は手形を振り出す人になります。

よって、「いつ、誰が、誰に、いくら払う」を言い換えれば、「いつ、商品を買った人が、商品を売った人に、いくら払う」となり、手形の問題を解くときには、必ずこの頭で問題文を読み解いてみてください。

2 受取手形・支払手形ってなに

Point

♤受取手形はお金を受け取ることのできる権利なので、期日にお金を受け取ることで受取手形は消滅します。

♤支払手形は、お金を支払う義務なので、期日にお金を払うことで、「支払手形」は消滅します。

❶ 手形ってなんのこと

受取手形とは、手形に記載された期日にお金を受け取ることのできる権利をいいます。

① 手形を受け取った場合

手形を受け取るということは、最終的には、代金を受け取るということを意味しているわけですから、商品を販売した際の代金の回収の場面になります。商品を販売した際に直接受け取る場合もありますが、通常は、売掛金の決済として利用されます。

取引　神戸商店は、大阪商店に対する売掛金1,500,000円の決済日に、大阪商店を振出人、神戸商店を名宛人とする約束手形を受け取った。

借 方		貸 方	
受 取 手 形	1,500,000	売 掛 金	1,500,000

売掛金の決済なので、「売掛金」は減少し、代わりに将来現金を受け取る権利を示す「受取手形」（資産：後日手形代金をもらう権利）の勘定科目で処理します。

② 手形を振り出した場合

手形を振り出すということは、最終的には代金を支払うということを意味しているわけですから、商品を購入した際の代金の支払いの場面になります。

商品を仕入れた際に直接振り出す場合もありますが、通常は、買掛金の決済として利用されます。

取引　大阪商店は、神戸商店に対する買掛金1,500,000円の決済日に、大阪商店を振出人、神戸商店を名宛人とする約束手形を振り出した。

借　　　方		貸　　　方	
買　掛　金	1,500,000	支　払　手　形	1,500,000

　買掛金の決済なので、「買掛金」は減少し、代わりに将来現金を支払うという義務を示す「支払手形」（負債：後日手形代金を支払う義務）の勘定科目で処理します。

❷　取立というのは

　手形に記載された期日に現金が回収されることをいいます。実務上は手形代金は期日に手形交換所を通じて銀行に入金されます。当然、期日の過ぎた手形は換金することができません（単なる紙切れになります）。

　そのため、実務では、期日の少し前に銀行に取立を依頼して預けておいて、期日に手形代金を当座預金に入金してもらいます。これを「取立」もしくは「取立依頼」といいます。

取引　先日受け取った手形1,000,000円の期日が到来したので、手形代金が当座預金に入金された。

借　　　方		貸　　　方	
当　座　預　金	1,000,000	受　取　手　形	1,000,000

❸　支払手形ってなんのこと

　「支払手形」とは、手形の代金を支払う義務をいいます。手形の期日にお金を払うことで、「支払手形」（負債）の勘定科目は減少します。

❹　決済というのは

　手形の代金を期日に支払うことを手形の決済といいます。通常は、期日に振り出した当座預金口座から代金が減額されます。

手形記入帳の記帳って どうやればいい

Point

♤受取手形や支払手形の明細を記録するには、「手形記入帳」という補助簿
を使用します。

♤手形記入帳から、「取引を想像して仕訳を書きなさい」という問題が多く
出題されます。

❶ 手形記入帳ってなんのこと

受取手形や支払手形の明細を記録するには、「手形記入帳」という補助簿
を使用します。いつ、誰から受け取ったか、誰に振り出したか、期日はいつ
か、どのように決済されたか、に関する情報が整理しやすくなります。

勘定科目にあわせて「受取手形記入帳」と「支払手形記入帳」があります。

簿記では、手形記入帳そのものに記入しなさいという問題よりも、手形記
入帳から取引を想像して、仕訳を書きなさいという問題が多く出題されます。

ここでは、内容が把握できることが重要です。

❷ 受取手形記入帳の記帳は

仕訳の貸方科目
（受取手形／売上）

手形の減少となる
取引を記入
（当座預金／受取手形）

神戸商店　　　　　受　取　手　形　記　入　帳

20 ×1年		手形 種類	手形 番号	摘要	支払人	振出人 または 裏書人	振出日		満期日		支払場所	手形金額	てん末		
							月	日	月	日			月	日	摘要
5	5	約手	15	売上	大阪商店	大阪商店	5	5	7	31	A銀行	500,000	7	31	入金

手形代金を
最終的に支払う人

手形を振り出した人
裏書した人
すなわち受け取った相手

受取手形の減少の
3つの理由の紀載

| 取引 | 上記の受取手形記入帳から 5 月 5 日の手形の取引の仕訳をしなさい。 |

借 方		貸 方	
受 取 手 形	500,000	売 上	500,000

| 取引 | 上記の受取手形記入帳から 7 月31日の手形の取引の仕訳をしなさい。 |

借 方		貸 方	
当 座 預 金	500,000	受 取 手 形	500,000

てん末欄の摘要に「入金」と記載があるので、受取手形のてん末として、回収の取引として処理します。

❸ 支払手形記入帳の記帳は

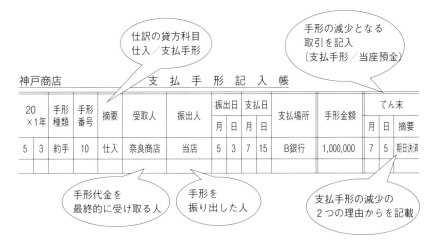

仕訳の貸方科目
仕入／支払手形

手形の減少となる
取引を記入
（支払手形／当座預金）

神戸商店　　　　　　　　　支 払 手 形 記 入 帳

20 ×1年		手形 種類	手形 番号	摘要	受取人	振出人	振出日		支払日		支払場所	手形金額	てん末		
							月	日	月	日			月	日	摘要
5	3	約手	10	仕入	奈良商店	当店	5	3	7	15	B銀行	1,000,000	7	5	期日決済

手形代金を
最終的に受け取る人

手形を
振り出した人

支払手形の減少の
2つの理由からを記載

手 形 アタック④

| 取引 | 上記の支払手形記入帳から 5 月 3 日の手形の取引の仕訳をしなさい。 |

借 方		貸 方	
仕 入	1,000,000	支 払 手 形	1,000,000

| 取引 | 上記の支払手形記入帳から 7 月15日の手形の取引の仕訳をしなさい。 |

借 方		貸 方	
支 払 手 形	1,000,000	当 座 預 金	1,000,000

てん末欄の摘要に「期日決済」とありますので、決済の取引として処理します。

電子記録債権・電子記録債務ってなに

Point

♤電子記録債権は、従来の紙で作成された手形に代わるものです。

♤電子上での決済になるため、事務手続等の簡略化が図られます。

❶ 電子記録債権・債務ってなんのこと

手形は債権・債務が発生してから支払われるまでの記録を紙の手形上にしていました。この記録を電子的に行うのが電子記録債権・電子記録債務と呼ばれるものです。

電子記録債権・電子記録債務では債権・債務の発生から支払までの記録を銀行などの記録機関が電子的に記録します。

難しい名前ですが簿記3級では記録が紙上にされるのが受取手形・支払手形、記録が電子的にされるのが電子記録債権・電子記録債務と理解しても構いません。

売掛金・買掛金と異なり債権債務の存在や帰属を可視化できます。

受取手形や支払手形と異なり紙の管理がいらないので、事務作業がなくなりますし、紙でのやり取りはしませんので紛失・盗難が起きる心配もありません。

売掛金・買掛金や受取手形・支払手形よりもメリットが大きいことが特徴です。

なお、電子記録債権・電子記録債は実務上、略して「でんさい」と呼ばれることもあります。

❷ 電子記録債権・債務の発生

電子記録債権・債務の発生とは電子記録債権（資産）が増えること、電子記録債務（負債）が増えることをいいます。

電子記録債権や電子記録債務は手形と同じく、多くの場合売掛金・買掛金の決済として用いられます。

【図表40　電子記録債権・債務の流れ】

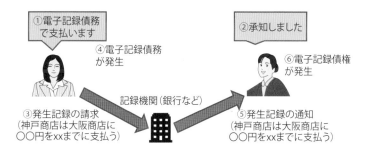

図表40の③〜⑥まではほとんど同時に起きます。

図表40のように、債務者が電子記録の請求を行うこともあれば、債権者が行うこともあります。どちらも、お互いの合意が必要です。

では、電子記録債権・電子記録債務の発生の仕訳をみていきましょう。

> [取引]　神戸商店は大阪商店に対する買掛金500,000円の支払いを電子債権記録機関で行うため、大阪商店の合意を得て取引銀行を通して債務の発生記録を行った。
> また、大阪商店は取引銀行より電子記録債権の通知を受けた。

神戸商店の仕訳

借　　　　方		貸　　　　方	
買　　掛　　金	500,000	電 子 記 録 債 務	500,000

神戸商店は買掛金の支払方法として、電子記録債務を利用します。このため買掛金（負債）の減少、電子記録債務（負債）の増加として仕訳処理します。

大阪商店の仕訳

借　　　　方		貸　　　　方	
電 子 記 録 債 権	500,000	売　　掛　　金	500,000

大阪商店は神戸商店に対し売掛金をもっていました。しかし、神戸商店から電子記録債権として支払う、と通知され、承認しました。このため売掛金（資産）の減少、電子記録債権（資産）の増加として仕訳処理します。

❸ 電子記録債権・債務の決済

電子記録の場合、期日が来ると債務者の預金口座から債務額が引き落され、債権者の口座に振り込まれます。

これにより電子記録債務・電子記録債権は消滅（減少）します。

神戸商店は、電子債権記録機関に発生記録した債務500,000円の支払期日が到来したので、当座預金口座から引き落とされた。

借 方		貸 方	
電 子 記 録 債 務	500,000	当 座 預 金	500,000

大阪商店は、電子債権記録機関に発生記録した債権500,000円の支払期日が到来し、普通預金口座に振り込まれた。

借 方		貸 方	
普 通 預 金	500,000	電 子 記 録 債 権	500,000

一口メモ 電子記録債権の使い勝手

電子記録債権のメリットは本文中で紹介した以外にもさまざまなことがあります。

受取手形と比べますと、紙の管理がなくなるので事務作業がなくなったり、紛失・盗難の心配がなくなります。それ以外に、銀行へ持ち込む手間が省けることや収入印紙がいらなくなり経費削減になります。

手形は期日前近くになると銀行に持って行き、取立（回収）を銀行に依頼します。ですが、電子記録ですと銀行へ持って行く必要がありません。

また、紙の場合は一定額の取引以上は収入印紙という税金の一種を払う必要があるのですが、電子記録の場合これも不要となります。

このため、人件費や経費を減らすことができます。

さらに、電子記録債権は分割譲渡ができます。

例えば1,000,000円の受取手形があります。これを誰かに譲渡（裏書）する場合は1,000,000円一括でしか譲渡できません。

ですが、電子記録債権ですと400,000円だけ譲渡して、600,000円は残しておくということができます。

このように電子記録債権はさまざまなメリットがあります。

♡手形の記帳と仕訳処理にトライしてみよう

問題

1．京都商店から商品￥900,000を仕入れ、代金のうち￥600,000について
   は、同店あての約束手形を振り出し、残額については掛とした。

（第103回　第1問改題）

2．商品￥300,000を仕入れ、代金のうち￥100,000は掛けとし、残額は約束
   手形を振り出して支払った。なお、仕入に要した諸掛￥5,000は現金で
   支払った。

（第108回　第1問改題）

3．埼玉商店の売掛金120,000円を同店振出の約束手形で回収した。

（第142回　第3問改題）

4．滋賀商店は京都商店に対する買掛金300,000円の支払いを電子債権記録
   機関で行うため、取引銀行を通じて債務の発生記録を行った。

5．京都商店は滋賀商店に対する売掛金300,000円について滋賀商店より電
   子記録債権の発生記録の請求があったため承諾し、電子記録債権が発生
   した。

6．電子債権記録機関に発生記録した300,000円の支払期日が到来した。滋
   賀商店の当座預金口座から引き落とされ、京都商店の当座預金口座に振
   り込まれた。滋賀商店及び京都商店での仕訳を書きなさい。

7．下記の受取手形記入帳から9月5日と12月31日の手形の取引の仕訳をしなさい。

神戸商店　　　　　　　　受　取　手　形　記　入　帳

20×1年		手形種類	手形番号	摘要	支払人	振出人または裏書人	振出日		満期日		支払場所	手形金額	てん末		
月	日						月	日	月	日			月	日	摘要
9	5	約手	15	売上	大阪商店	大阪商店	9	5	12	31	A銀行	500,000	12	31	入金

8．下記の支払手形記入帳から10月3日と1月5日の手形の取引の仕訳をしなさい。

神戸商店　　　　　　　　支　払　手　形　記　入　帳

20×1年		手形種類	手形番号	摘要	受取人	振出人	振出日		支払日		支払場所	手形金額	てん末		
月	日						月	日	月	日			月	日	摘要
10	3	約手	10	仕入	奈良商店	当店	10	3	1	15	B銀行	1,000,000	1	5	期日決済

解答

1　（借方）　仕　　　　入　900,000　　（貸方）　支　払　手　形　600,000
　　　　　　　　　　　　　　　　　　　　　　　　買　　掛　　金　300,000
2　（借方）　仕　　　　入　305,000　　（貸方）　買　　掛　　金　100,000
　　　　　　　　　　　　　　　　　　　　　　　　支　払　手　形　200,000
　　　　　　　　　　　　　　　　　　　　　　　　現　　　　　金　　5,000
3　（借方）　受　取　手　形　120,000　　（貸方）　売　　掛　　金　120,000
4　（借方）　買　　掛　　金　300,000　　（貸方）　電子記録債務　300,000
5　（借方）　電子記録債権　300,000　　（貸方）　売　　掛　　金　300,000
6　滋賀商店
　　（借方）　電子記録債務　300,000　　（貸方）　当　座　預　金　300,000
　　京都商店
　　（借方）　当　座　預　金　300,000　　（貸方）　電子記録債権　300,000
7　9月5日　（借方）　受取手形　500,000　　（貸方）　売　　上　500,000
　　12月31日　（借方）　当座預金　500,000　　（貸方）　受取手形　500,000
8　10月3日　（借方）　仕　　入　1,000,000　　（貸方）　支払手形　1,000,000
　　1月5日　（借方）　支払手形　1,000,000　　（貸方）　当座預金　1,000,000

解答

1　約束手形を振り出した場合、「支払手形」の勘定科目の増加として処理します。

2　約束手形を振り出した場合、「支払手形」の勘定科目として処理します。また、仕入に要した諸掛は、「仕入」勘定に含めることに注意しましょう。

3　売掛金の代金を「同店振り出し」＝埼玉商店が作成した手形で回収したので、「売掛金」の勘定科目は減少、「受取手形」勘定の増加として処理します。

4、5　買掛金・売掛金の支払・受取を電子記録で行うことになりました。「買掛金」「売掛金」の勘定科目は減少し、「電子記録債務」「電子記録債権」がこれに代わって増加することになります。

6　電子記録債権・電子記録債務の決済が完了しました。「電子記録債務」「電子記録債権」は減少しました。代金は当座預金から引き落としもしくは振り込まれたのでそれぞれ「当座預金」勘定科目の減少・増加として処理します。

7、8　手形記入帳については、どこの項目をみて、仕訳をするかについて、確実に覚えるようにしましょう。

♥超重要キーワード／手形これだけは覚えよう

①　約束手形

　手形を振り出した人（振出人）とお金を受け取る人（名宛人）の2人がいます。

代金を支払う人
（振出人）

代金を受け取る人
（名宛人）

②　手形の処理

　簿記では、手形のお金をもらう権利がある場合には、「受取手形」（資産）という勘定科目で、手形の代金を支払う義務がある場合には、「支払手形」（負債）という勘定科目で処理します。

　手形で支払う（作成する）ことを「振り出す」といいます。

③　受取手形・支払手形の取立・決済

　受取手形の取立とは、期日まで保持して代金を受け取ることをいいます。この場合、「受取手形」の減少として処理します。

　支払手形の決済とは、手形の代金を期日に支払うことをいいます。この場合、「支払手形」の減少として処理します。

④　電子記録債権・電子記録債務

　受取手形・支払手形は紙をやり取りしましたが、これが電子的記録になったのが電子記録債権・電子記録債務といいます。

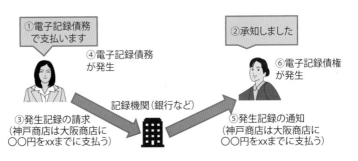

①電子記録債務
で支払います

②承知しました

④電子記録債務
が発生

⑥電子記録債権
が発生

記録機関（銀行など）

③発生記録の請求
（神戸商店は大阪商店に
○○円をxxまでに支払う）

⑤発生記録の通知
（神戸商店は大阪商店に
○○円をxxまでに支払う）

♥アタック4に出てきた仕訳を押さえておこう

1 神戸商店は、大阪商店に対する売掛金1,500,000円の決済日に、大阪商店を振出人、神戸商店を名宛人とする約束手形を受け取った。

2 大阪商店は、神戸商店に対する買掛金1,500,000円の決済日に、大阪商店を振出人、神戸商店を名宛人とする約束手形を振り出した。

3 先日受け取った手形1,000,000円の期日が到来したので、手形代金が当座預金に入金された。

4 神戸商店は大阪商店に対する買掛金500,000円の支払いを電子債権記録機関で行うため、大阪商店の合意を得て取引銀行を通して債務の発生記録を行った。
   また、大阪商店は取引銀行より電子記録債権の通知を受けた。

5 神戸商店は、電子債権記録機関に発生記録した債務500,000円の支払期日が到来したので、当座預金口座から引き落とされた。

6 大阪商店は、電子債権記録機関に発生記録した債権500,000円の支払期日が到来し、普通預金口座に振り込まれた。

　当座預金は、本文でも書いたように、キャッシュカードや通帳がないため（当座入金帳や当座照合表という書類が発行されます）、当座預金から出金するために、銀行で当座預金を開設すれば、「小切手帳」が発行されます。また、希望すれば「支払手形帳」も発行してもらえます。

　どちらも、50枚を1組にして、製本されており、本体部分（先方に渡す部分）とみみ部分（発行控え）1枚の紙が分けられるようにミシン線が入っています。みみ部分は、製本されているためはずれません。

　「小切手」も「手形」も当座預金が出金するために一定の要件を備えた紙片ですが、実は、法律上は大きく異なっています。

　「小切手」は、その紙片に記載された日付以降であれば、いつでも銀行に提出することで、持参した人がお金を受け取ることができます。（通常は、持参人の口座に提出から4日後に入金されます）。通常は、「小切手」を振り出した日付を記載し、あて先は記載しないので、持参人がいつでも換金することができるのです。

　これに対して、「支払手形」は、利用目的に応じて、約束手形と為替手形の2種類あります。「支払手形」のほとんどは約束手形です。「手形」を発行するには、手形のあて先、手形の期日などを記載します。このため、手形は、あて先に記載された人しか換金することができず、また、手形の期日にしかお金に換えることはできません（期日の過ぎた手形は単なる紙切れににしかなりません）。別の人が換金できるようにするために、「裏書」という制度が設けられています。

　このように、当座預金から出金するための紙片という意味では、両者は同じですが、利用の仕方は大きく異なっています。また、簿記では、「小切手」については、振出時には、当座預金の減少とするのに対して、「支払手形」は支払手形勘定で一旦処理し、期日に当座預金の減少とします。また、受け取った場合も、「小切手」は現金とするのに対して、「手形」は受取手形勘定で処理されます。

アタック 5

固定資産

　会社も、営業をするためには、一定の設備を買わなければなりません。

　アタック5では、これらの資産を購入したとき、売却したとき、そして決算を迎えたときの処理について学習します。

固定資産ってなに

Point
- 営業に利用するために購入したものを、「固定資産」といいます。
- 簿記では、固定資産の「購入」「売却」「決算時」に処理します。
- 決済時には、その利用に対する費用として「減価償却費」を計上します。

❶ 固定資産ってなんのこと

　会社が商品を販売し儲けるためには、例えば飲食店であれば、店をつくるでしょう。また、営業担当者が営業をするためには、営業車も必要でしょう。事務所には、エアコンやパソコン、机などの事務用品が必要になります。

　このように、会社が営業を行って行くために必要なもののうち、長く利用するものを固定資産といいます。言い換えれば、この固定資産を利用して収益をあげているのです。

　固定資産は、一度使えばそのままなくなってしまうものではなくて、購入してから営業のために長年にわたって利用されます。

　簿記では、これらの長く利用する資産のうち特に形のあるものを有形固定資産といいます。

　固定資産には、ソフトウエアや、営業権などの形にはあらわれないものの営業のために利用するために取得した資産である無形固定資産等もありますが、これらの固定資産については、簿記2級以降で学習します。

　有形固定資産には、図表41のようなものがあります。

【図表41　有形固定資産に該当するもの】

勘定科目	例
建　　　　　物	店舗、倉庫、オフィスビル、マンションなど
車 両 運 搬 具	トラック、営業車など
備　　　　　品	パソコン、事務機器、エアコン、机、椅子など

❷ 簿記上取引を行う場面

固定資産に関する取引の流れをまとめると、図表42のようになります。

【図表42　固定資産取引の流れ】

有形固定資産は、簿記上資産グループとして処理されますが、これらの資産の簿記上の取引をみてみると、当該固定資産の「購入」、利用している固定資産を利用しなくなったために他人への「売却」、または「廃棄」（簿記では「除却」といいます）といった、有形固定資産そのものが増減する取引があります。

また、有形固定資産を利用して収益を上げていることから、その利用に関する費用を計上しなければなりません。この固定資産の利用料に相当する費用の計上は、通常決算の処理としてまとめて計上されます。これを減価償却といいます。

有形固定資産の取引として仕訳を行う場面（簿記上の取引）としては、図表43の3つの場面があります。

【図表43　簿記上の取引を行う場面】

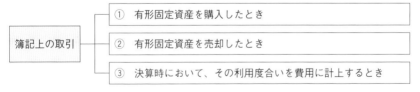

固定資産
アタック⑤

━━ 一口メモ　牛や馬、果樹などの生物も有形固定資産 ━━━━━━━━━━

乳用牛や馬なども、その生物を利用して販売活動を行う場合には、有形固定資産になります。

特に、果実を実らせる果樹も販売するための果実を生育させるため、有形固定資産として扱われています。

固定資産を購入したときの処理は

Point
♤固定資産を購入したときは、取得原価を購入代価＋付随費用で決定します。

❶ 固定資産を購入したときの処理は

固定資産の購入については、いくらで購入したのか、という取得原価を決定します。

有形固定資産の購入においては、エアコン等を考えてみれば、取り付けに関する費用や、建物を購入した際は、不動産会社に支払う仲介手数料等が発生します。

これら仲介手数料や、搬入取り付け費、輸入製品に関する関税等は、有形固定資産を取得するために必要だった費用でまとめて付随費用といいます。

これらの付随費用は、有形固定資産取得に必要な費用のため、有形固定資産の取得原価に含めて処理されます。

したがって、有形固定資産の取得原価は、固定資産そのものの購入金額である購入代価と付随費用の合計になり、この金額が、「建物」や「備品」の仕訳する金額となります。

取得原価は、図表44の算式により計算します。

【図表44　取得原価の計算式】

> 取得原価＝購入代価＋付随費用

取引　営業用につかう100,000円の備品を購入し、代金については、運送費10,000円と合わせて現金で支払った。

借	方	貸	方
備　　　品	110,000	現　　　金	110,000

100,000円（購入代価）＋10,000（運送費）＝110,000円

3 決算時の減価償却費処理ってなに

Point

♤価値が減った分を決算時に決算処理として、一定の仮定計算を行って、有形固定資産の価値を減額し、この価値を、期末時点での帳簿価額とします。

♤減価償却の計算方法はさまざまありますが、簿記3級では、定額法という方法で減価償却を行います。

❶ 減価償却ってなんのこと

ここで、貸借対照表は、期末時点の財産の状況を示す表でした。そのためには、そこに記載されている資産は、現在の価値を表す必要があります。このため、決算処理（アタック9で学習）において、資産の価値を（時価に）変更させる必要があります。

一方で、固定資産は長く使う分だけ、古くなります。しかし、どれだけ価値が下がったかは、把握することはできません。少なくとも固定資産が使用されることで、新品購入時よりその価値は減少しています。

企業会計において、価値の減った分を決算時に決算処理として一定の仮定計算を行って有形固定資産の価値を減額します。こうして、変更された価格を帳簿価額といいます。

そして、この取得原価を減額する一連の手続を減価償却といいます。

なお、減価償却の手続は、決算処理として行われます。実際の取引ではなく、簿記上の取引として仕訳が行われるわけです。

| 減価償却とは | 決算において資産の今の価値で評価。 |

①長く利用すれば、古くなる。
②使った分だけ、価値が下がる。

購入時より明らかに価値は下がっている。

会計
ルール

| 決算の処理を通じて、薄価を今の価額（時価）に変更する手続を行います。 |

固定資産
アタック⑤

❷ 減価償却費の計算ってどういうこと

　会社は、収益を上げるためにさまざまな費用をかけています。当然固定資産を取得した際の支出も収益を上げるためにかかった費用とする必要があります。固定資産は長く利用するものですから、会計上その支出額をその利用する期間に分けるために減価償却費という費用を計上します。

　減価償却の計算方法は、会計上の考え方によって、定額法、定率法、生産高比例法などの方法があります。これらの方法は、会社の状況やその資産の状況によって選択適用されることになりますが、簿記3級では、定額法という方法で減価償却費を計上します。

　この価値減少分は、「減価償却費」（費用）の勘定科目で処理します。

　これらの関係をイメージ図で示すと、図表45のとおりです。

【図表45　減価償却のイメージ図】

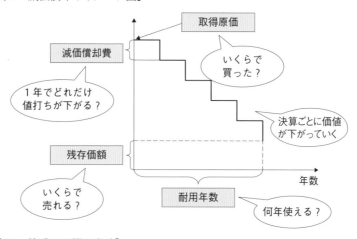

【図表46　算式の用語の意味】

用　語	意　　味
① 取得原価	有形固定資産を購入した際の金額のことです。
② 耐用年数	この有形固定資産を営業に利用すると思われる年数をいい、それぞれの資産ごとにその年数は異なっています。 　なお、実務上は、法人税法上で公表された耐用年数を利用することが多いです。
③ 残存価額	耐用年数経過後この資産の価値を表します。通常は取得原価の〇％もしくは残存価額〇円として表示されます。

❸ 減価償却費の計算方法を定額法の場合でみると

　減価償却費は、取得原価と残存価額、耐用年数の３つの要素によって計算されます。

　定額法では、利用によって価値を減額する金額（取得原価−残存価額）を利用できる期間（耐用年数）で均等に分けるという考え方で計算されます。

$$減価償却費 = \frac{（取得原価 − 残存価額）}{耐用年数}$$

　例えば、1,000,000円で購入した備品（残存価額0円、耐用年数10年）の減価償却費は、（1,000,000円−0円）÷10年＝100,000円と計算されます。

　この結果を図表49にあてはめると以下のようになります。

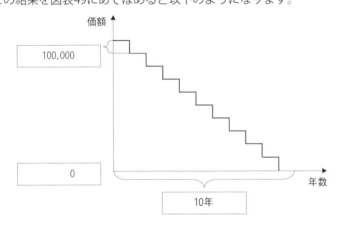

> **┃一口メモ┃ 残存価額**
>
> 　残存価額は少し前までは取得価額の10％とすることがほとんどでした。これは、固定資産を処分するとき、例えば鉄屑として買い取ってくれるなど使い終わってもある程度価値があることがあったためです。
>
> 　しかし、鉄屑などの買取価額もそれほど高くはなく、また税金の法律（法人税法）の改訂に合わせ最近は取得価額は１円もしくはゼロ円とすることが一般的になりました。

固定資産
アタック⑤

4 固定資産を売却したときの処理は

Point

♤帳簿価額より高く売却できた場合は、その差額は利益となり、「固定資産売却益」（収益）の勘定科目で処理されます。

♤帳簿価額より売却額のほうが低い場合は、損失となり、「固定資産売却損」（費用）の勘定科目を利用して処理されます。

❶ 固定資産を売却したときの処理は

有形固定資産も、長年利用することで、性能的に適応しなくなった場合や、経年で古くなって使用できなくなったり、新しいものを購入した場合は現在の有形固定資産は不要となります。

不要となったものは、粗大ゴミとして廃棄することもありますが、中古市場や他人が利用するために売却することもできます。

いずれの場合においても売却した時点の帳簿価額を当該資産より減少させます。

中古の固定資産の売却額は、そのものによってさまざまですが、必ずしも、自社の帳簿価額と一致しているとは限りません。なぜならば、決算処理を通じて減価償却が行われているからです。

このため、帳簿価額（簿価）と売却額の差額が生じることがあります。帳簿価額より高く売却できた場合は、その差額は利益となり、「固定資産売却益」（収益）の勘定科目で処理します。

一方、帳簿価額より売却額のほうが低い場合は、損失となり、「固定資産売却損」（費用）の勘定科目で処理します。

売却においては、売却額が帳簿価額を上回っているケースと売却額が帳簿価額を下回っているケースがあります。

ケースごとに以下にみてみましょう。

❷ 売却額＞帳簿価額のときの仕訳処理

取引 帳簿価額820,000円（取得原価1,000,000円）の備品を売却し、900,000円の現金を受け取った。

借 方		貸 方	
現　　　　金	900,000	備　　　　品	1,000,000
備品減価償却累計額	180,000	固定資産売却益	80,000

売却額 900,000円 ＞ 簿価 820,000円 ＝＋80,000円

　帳簿価額（簿価）より売った金額が大きければ、「固定資産売却益」（収益）の勘定科目で処理します。

❸ 売却額＜簿価のときの仕訳処理

取引 帳簿価額820,000円（取得原価1,000,000円）の備品を売却し、400,000円の現金を受け取った。

借 方		貸 方	
現　　　　金	400,000	備　　　　品	1,000,000
備品減価償却累計額	180,000		
固定資産売却損	420,000		

売却額 400,000円 ＜ 簿価 820,000円 ＝△420,000円

　帳簿に記載されている金額より受け取った金額が小さければ、「固定資産売却損」（費用）の勘定科目で処理します。

> **一口メモ** 購入から１年未満で決算を迎えたとき
>
> 　減価償却は、耐用年数で、割り算をしていることから、１年ごとの減価償却費を計算しています。しかし、有形固定資産の購入時期によっては、決算までに１年未満ということも多くあります。
> 　このため、１年に満たない場合には、１年分を12で割って１か月分を計算し、購入から決算日までの月数を掛けて計算します。このことを減価償却費の「月割計上」といいます。

固定資産 アタック⑤

減価償却累計額ってなに・その計算方法は

Point

♤減価償却は、会計上の仮定計算であることから、この価値の減額分の表現のしかたには、2つの方法があります。

♤減価償却累計額とは、有形固定資産を取得してからの減価償却費の合計で有形固定資産の価値の減少分の合計額です。

❶ 価値の減額分の表現のしかたは2つある

減価償却費の計上を通じて、有形固定資産の取得原価を減額しますが、取得原価を直接減額すると、当該資産の当初の取得価額がわからなくなります。

減価償却費の計上はあくまでも、簿記会計上の一定の仮定において計算されたものであり、その帳簿価額は、あくまでも仮の数値です。そのような観点から、減価償却費の計上において、2つの方法が存在しています。

1つ目は、直接法といって減価償却費の計上によって、当該資産を直接減額する仕訳を行う方法。2つ目は、間接法といって、減価償却費の計上によって、当該資産を直接減額するのではなく「減価償却累計額」という資産を評価するための勘定科目を利用して仕訳を行う方法があります（図表47）。

【図表47　減価償却費の計上の方法】

| 減価償却費の計上方法 | ①　有形固定資産の勘定科目を直接減額する方法（直接法） |
| | ②　「減価償却累計額」という勘定科目を使う方法（間接法） |

簿記3級では、間接法が検定範囲になっていますので、間接法について学習していきましょう。

❷ 減価償却累計額ってなんのこと

備品の金額から減価償却費を直接に差し引かず、「減価償却累計額」という勘定科目を使って間接的に控除します。

取得原価1,000,000円、残存価額0円、耐用年数10年の備品の減価償却費の１年目と２年目の処理をみてみましょう（図表48）。

　減価償却費は定額法のため１年で100,000円ずつ計上されることになります。

【図表48　間接法の例】

　備品の残高は取得原価の1,000,000円のままで、減価償却累計額に100,000円計上されます。減価償却累計額は資産のマイナス勘定であることから差し引き備品の帳簿価額は、

$$備品－備品減価償却累計額＝1,000,000－100,000＝900,000$$

となります。

　２年目においても、備品の残高は取得原価の1,000,000円のままです。減価償却累計額は、前期繰越として100,000円計上されており、決算において減価償却累計額が100,000円追加計上されることから、差し引き備品の帳簿価額は、

$$備品－備品減価償却累計額＝1,000,000－200,000＝800,000$$

となります。

固定資産取引における信用取引とは

Point

⌒固定資産取引における信用取引においては「未収入金」「未払金」の勘定科目を使います。

❶ 購入時における処理は

有形固定資産は、その代金の支払いが多額になるケースが多いため、「後日支払う」といった信用取引を行うケースがあります。この場合、商品を仕入れた時の「買掛金」と区別するために、「未払金」（負債：将来支払わなければならない義務）の勘定科目で処理します。

| 取引 | 営業用の備品100,000円を購入し、代金については月末に支払うこととした。なお、運送費10,000円は、現金で支払った。 |

借 方		貸 方	
備　　　　品	110,000	未　払　金	100,000
		現　　　　金	10,000

備品の取得原価は、購入代価100,000円に付随費用（運送費）10,000円を足した金額になります。また、月末に支払うことにしたということは信用取引であることから「未払金」（負債）の勘定科目で処理します。

❷ 売却時における処理は

中古資産の売却時においても、売却額を後日受け取る信用取引をするケースがあります。この場合は商品の販売のときの「売掛金」と区別して「未収入金」（資産：後日代金を受け取れる権利）の勘定科目を利用して仕訳します。

| 取引 | 帳簿価額820,000円（取得原価1,000,000円）の備品を売却し、400,000円の代金は後日受け取ることとした。 |

借 方		貸 方	
未　収　入　金	400,000	備　　　　品	1,000,000
備品減価償却累計額	180,000		
固 定 資 産 売 却 損	420,000		

固定資産台帳ってなに

Point

♤固定資産の取得から売却までのさまざまな情報を記録した補助的な帳簿を
　固定資産台帳といいます。

❶　固定資産台帳ってなんのこと

　固定資産台帳とは固定資産の取得から売却までの全てを記録した補助元帳
の一種です。

　会社が保有している資産のすべてが記録されており、期末帳簿価額は、、
貸借対照表の該当する勘定科目と一致しています。その点から、固定資産の
勘定科目の補助元帳とも言われます（簿記3級においては、固定資産の勘定
科目は、有形固定資産しか学習しませんが、無形固定資産についても、固定
資産台帳は作成されています）。

　固定資産台帳においては固定資産ごとに資産をいつ、いくらで買ったか、
何個あるのか、耐用年数は何年か、現在減価償却はいくらしていて、帳簿価
額はどれだけなのか、といった情報が記録されています。

　簿記では固定資産台帳そのものに記入しなさいという問題よりも、固定資
産台帳から金額を算定して、仕訳をしなさい、固定資産の総勘定元帳を記載
しなさいという問題が多い傾向があります。

　そのためここでは内容を把握できることが重要です。

❷　固定資産台帳の記帳のしかた

　固定資産台帳は、次頁の図表49のような形式をしています。

【図表49　固定資産台帳の記入例】

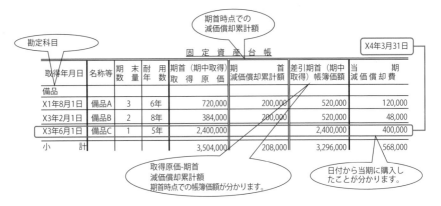

図表49の固定資産台帳に基づき以下の問題を考えましょう。

取引　当社の決算日は毎年3月31日である。上記の固定資産台帳から6月1日の取引の仕訳をしなさい。なお、代金は当座預金で支払った。

借　　　　　方		貸　　　　　方	
備　　　　品	2,400,000	当　座　預　金	2,400,000

　固定資産台帳の右上をみると、×4年3月31日とあります。これが当期の決算日です。このため、当期の会計期間は×3年4月1日から，×4年3月31日ということがわかります。

　固定資産台帳の「取得年月日」をみると、×3年6月1日に取得したものがあることがわかります。

　「期首（期中取得）取得原価」をみますと、2,400,000円とありますので、取得原価は2,400,000円となることがわかります。

取引　当期の備品の減価償却費の仕訳を計上しなさい。

借　　　　　方		貸　　　　　方	
減　価　償　却　費	568,000	備品減価償却累計額	568,000

　固定資産台帳をみると、小計の行の当期減価償却費が568,000円となっています。このことから、当期の備品の減価償却費は568,000円であることがわかります。

♡固定資産の記帳と仕訳処理にトライしてみよう

問題

1　営業用の建物を￥3,500,000で購入し、代金は当月末に支払うこととした。なお、仲介手数料￥120,000については、小切手を振り出して支払った。

(第116回　第1問改題)

2　次の備品の決算における処理にあたり、減価償却の仕訳を示しなさい

取得原価　2,500,000円

残存価額　　0円

耐用年数　10年

3　営業用の小型自動車（取得原価：￥1,000,000、残存価額：0円、耐用年数：4年）を3年間使用し、すでに3期（決算年1回）にわたって減価償却をしてきたが、この自動車を￥125,000で売却し、代金は月末に受け取ることにした。

(第105回　第1問改題)

4　備品を1月10日に￥250,000で購入し引渡しを受け、すぐに使用を始めた（残存価額はゼロ、耐用年数は5年である）。決算にあたり、必要な減価償却費仕訳を示しなさい。当社の会計期間は4月1日から3月31日であり、減価償却は月割りで行う。

解答

1　（借方）　建　　　　物　3,620,000　（貸方）　未　払　金　3,500,000
　　　　　　　　　　　　　　　　　　　　　　　当 座 預 金　 120,000
2　（借方）　減 価 償 却 費　250,000　（貸方）　備品減価償却累計額　250,000
3　（借方）　未 収 入 金　125,000　（貸方）　車 両 運 搬 具　1,000,000
　　　　　　 車両運搬具減価償却累計額　750,000
　　　　　　 固定資産売却損　125,000
4　（借方）　減 価 償 却 費　 12,500　（貸方）　備品減価償却累計額　 12,500

解説

1　固定資産の取得原価は、購入対価に付随費用（仲介手数料）を含めて処理をします。

2　減価償却費の計算は、
　　（取得原価－残存価額）÷耐用年数であることから
　　（2,500,000－2,500,000×10%）÷9年＝250,000円と計算されます。

3　減価償却累計額の金額を計算し、帳簿価額と売却価額の差を求めます。代金については、商品以外のものを売却した際の未収分なので「未収入金」勘定で処理します。
　　減価償却累計額：（1,000,000－0）÷4年×3年＝750,000
　　売却損益：125,000－（1,000,000－750,000）＝△125,000円（売却損）

4　当期に取得した固定資産の減価償却は月割り計算をします。1月10日に取得し、決算日は3月31日なので、3ヶ月分の減価償却費を計算します。
　　（取得原価－残存価額）÷耐用年数÷12ヶ月×使用した月数ですので
　　（250,000－0）÷5年÷12ヶ月×3ヶ月＝12,500円と計算されます。

♥超重要キーワード／固定資産これだけは覚えよう

① 有形固定資産

勘定科目	例
建　　物	店舗、倉庫、オフィスビル、マンション
車両運搬具	トラック、営業車
備　　品	パソコン、事務機器、エアコン、机、椅子

② 簿記上取引を行う場面

固定資産の購入 → 決算時の処理（減価償却） → 固定資産の売却

③ 固定資産の取得原価

取得原価＝購入代価＋付随費用

付随費用は、仲介手数料や、登記料、搬入費などをいいます。

④ 減価償却累計額

減価償却の表現には、「減価償却累計額」を使います。

⑤ 固定資産の売却

売却額＞帳簿価額	「固定資産売却益」（収益）
売却額＜帳簿価額	「固定資産売却損」（費用）

⑥ 決算時の処理

減価償却費の計算方法（定額法）

減価償却費＝（取得原価—残存価額）÷耐用年数

♥アタック5に出てきた仕訳を押さえておこう

1　営業用に使う100,000円の備品を購入し, 代金については, 運送費10,000円と合わせて現金で支払った。

2　帳簿価額820,000円取得原価1,000,000円)の備品を売却し、900,000円の現金を受け取った。

3　帳簿価額820,000円（取得原価1,000,000円）の備品を売却し、40,000円の現金を受け取った。

4　決算にあたり、1,000,000円で購入した備品（残存価額100,000円、耐用年数10年）の減価償却費を計上した。

5　営業用の備品100,000円を購入し、代金については月末支払うこととした。なお、運送費10,000円は現金で支払った。

一口メモ 「減価償却累計額」のグループ

　「減価償却累計額」の勘定科目は、該当する有形固定資産の勘定科目を減額することで、その資産の価値を表すために用いられる勘定科目です。このような勘定科目を評価勘定と呼んでいます。

　資産のマイナスという意味では、グループとしては資産グループに属することになりますが、勘定科目の増加、減少といった観点からすれば、負債グループと同様の動きをします。すなわち、「減価償却累計額」が増加すれば、貸方側に記入します。

　資産のマイナス勘定であることから、減価償却累計額の増加は資産の減少を意味しているからです。このため、勘定科目一覧表や試算表においては、負債のグループに属した形で表示されています。

　なお、後述しますが、最終的な財務諸表では、該当する資産から控除する形で表示されることになります。

　また、評価勘定は「減価償却累計額」の勘定科目以外に、後に学習しますが、「貸倒引当金」という勘定科目があります。

アタック 6

その他の債権債務

　アタック6では、会社でよく起こる取引のうち日商3級に必要な知識をまとめて学習します。取引にはそれぞれのシーンがあります。そのシーンを思い浮かべながら学習しましょう。

貸付金と借入金の処理は

Point

♤貸付金とは、資産：お金を返せ！といえる権利です。

♤借入金とは、負債：将来お金を払わなければならない義務です。

❶ 貸付金と借入金の処理は

　会社は、商売をやっていれば、お金が必要になることがあります。このお金をオーナーが会社に入れることもありますが、他人から融通してもらうこともあります。一方で、会社に資金的に余裕ができれば、他の会社にそのお金を貸すこともあるでしょう。

　このようなお金の貸し借りは、当然会社の財産に増減をもたらすことから、簿記上の取引として記録していきます。この際、通常は「金銭消費貸借証書（借用証書）」を取り交わします。

　この場合の貸した側の処理と借りた側の処理をまとめてみましょう。

　当然お金を貸した側はその期間に相当する利息を受け取れますし、借りた側はその利息を支払わなければなりません。

　受け取った利息は「受取利息」（収益）、支払った利息は「支払利息」（費用）の勘定科目で処理します。

　なお、利息については、貸し借りの行われた日に利息を先に精算する場合もあれば、返済期日に利息の精算をする場合もあります。

❷ 貸した人の処理は

　お金を貸した人は、相手方にお金を貸す代わりに、期日にお金を返せという権利が発生します。この権利は、「貸付金」（資産：お金を返せ！　といえる権利）という勘定科目で処理します。

　また、貸した日から返済期日までの利息を受け取ることができます。

　この権利は、「受取利息」（収益：貸したからには、利息はもらえる）の勘

定科目で処理します。

取引 神戸商店は、京都商店に頼まれて、現金1,000,000円を貸した。（借用証書を受け取った）

借	方	貸	方
貸 付 金	1,000,000	現 金	1,000,000

取引 期日に、京都商店から元金1,000,000円と利息50,000円を合わせて現金で回収した。

借	方	貸	方
現 金	1,050,000	貸 付 金 受 取 利 息	1,000,000 50,000

　期日にお金が返済されれば、お金を返せという権利はなくなりますので、「貸付金」の減少として仕訳します。

❸　借りた人の処理

　お金を借りた人は、期日にお金を支払わなければならないという義務が発生します。その義務を「借入金」という勘定科目で処理します。

　また、お金を借りた日から返済の日までの利息を支払わなければなりません。

　この権利は、「支払利息」（費用：お金を借りたため支払うもの）の勘定科目で処理します。

取引 京都商店は神戸商店に頼んで、現金1,000,000円を借りた。（借用証書を書いた）

借	方	貸	方
現 金	1,000,000	借 入 金	1,000,000

取引 期日に京都商店は神戸商店に元金1,000,000円と利息50,000円を合わせて現金で返済した。

借	方	貸	方
借 入 金 支 払 利 息	1,000,000 50,000	現 金	1,050,000

　期日にお金を返済すれば、お金を返す義務はなくなりますので、「借入金」の減少として仕訳します。

2 手形貸付金と手形借入金の処理は

Point

♤約束手形を借用証書代わりにしてのお金の貸し借りは、通常の「貸付金」や「借入金」と区別して「手形貸付金」、「手形借入金」という勘定科目を利用することになります。

❶ 手形貸付金と手形借入金の処理

　お金の貸し借りは、通常は借用証書で行われますが、担保という意味も含めて、約束手形を借用証書代わりにすることがあります。この場合は、単に、貸し借りの証書の代わりに約束手形を利用しているだけで、約束手形自体の支払義務が発生しているわけではありません。このため、「受取手形」「支払手形」の勘定科目は利用しません。

　しかし、通常の貸付金や借入金と違い、手形が動いていることをなんらかの形で、記載することが必要なため、通常の「貸付金」や「借入金」と区別して「手形貸付金」、「手形借入金」という勘定科目を利用することになります。

　なお、利息は、通常の貸付金と借入金の場合とかわりなく「受取利息」「支払利息」の勘定科目を利用します。

❷ 貸した人の処理は

　約束手形を担保にもらってお金を貸す人は、「手形貸付金」（資産：お金を返せ！といえる権利）で処理します。

　利息をもらう人は、「受取利息」（収益）で処理します。

取引　神戸商店は、京都商店に頼まれて、現金1,000,000円を貸した。（手形を担保に受け取った）

借　　方		貸　　方	
手 形 貸 付 金	1,000,000	現　　　　金	1,000,000

[取引] 期日に京都商店から元金1,000,000円と利息50,000円を合わせて現金で返済された。

借 方		貸 方	
現　　　　　金	1,050,000	手 形 貸 付 金	1,000,000
		受　取　利　息	50,000

❸ 借りた人の処理は

借りた人は手形を担保にしている借入金を、期日に支払わなければならないという義務が発生します。手形を担保にしてお金を借りる人は、「手形借入金」（負債：将来お金を払わなければならない義務）で処理します。

利息を払う人は、「支払利息」（費用）で処理します。

[取引] 京都商店は神戸商店に頼んで、現金1,000,000円を借りた。（手形を担保に提供した）

借 方		貸 方	
現　　　　　金	1,000,000	手 形 借 入 金	1,000,000

[取引] 期日に京都商店は神戸商店に元金1,000,000円と利息50,000円を合わせて現金で返済した。

借 方		貸 方	
手 形 借 入 金	1,000,000	現　　　　　金	1,050,000
支　払　利　息	50,000		

■「一口メモ」 利息の計算 ■■

利息は、はじめから、金額を決めて借用証書に記載する場合もありますが、利息は年利で設定されて、その対応期間分を計算します。通常金利の計算は日割で（年間を365日…ヨーロッパでは360日）行われます。

ただし、日商簿記3級の場合、利息は月割計上で計算させられる場合が多く、この場合は、月数を数えて（年間12か月）で割り算をすることになります。

例えば、年利6％の場合、6％÷12＝0.5%（1か月）となります。

なお、割り算を先にすると、割り切れない場合もありますので、必ず割り算を最後にするくせをつけてください。

仮払金と仮受金の処理は

Point

♧とりあえずお金を渡したとき（出金）は「仮払金」（資産：内容が判明すれば、お金を返してもらえる権利）、とりあえずお金をもらったとき（入金）は「仮受金」（負債：金額が判明したらお金を払わなければならない義務）の勘定科目で処理をします。

♧これらの勘定科目は、決算までに、取引の内容を把握して正式な勘定科目へ振替を行います。

❶ 仮払金と仮受金の処理

　取引の詳細は、後で把握することであっても、とりあえず、お金を渡したり、もらったりすることがあります。お金の入金、出金があったときは、簿記では仕訳をしなければなりませんので、一時的な勘定科目で処理します。

　これらの勘定科目は、決算までに、取引の内容を把握して正式な勘定科目へ振替を行います。

　とりあえずお金を渡したとき（出金）は「仮払金」（資産）、とりあえずお金をもらったとき（入金）は「仮受金」（負債）の勘定科目で処理します。

❷ お金を出金したときの処理

　例えば、従業員の出張旅費の仮払いなどがあります。

　また、従業員は、出張から帰ったらすぐに、費用の精算を行います。この場合、当初の「仮払金」の金額を減少させて費用を計上するとともに、差額の現金での受取りや、追加支払いの処理を行います。

[取引] 従業員の森さんの出張のために、旅費の概算額として100,000円を現金で渡した。

借　　　方		貸　　　方	
仮　払　金	100,000	現　　　金	100,000

取引	森さんが、出張から帰り、「旅費として65,000円支払った」との報告を受け、残金を受け取った。

借　　　方		貸　　　方	
旅 費 交 通 費	65,000	仮　　払　　金	100,000
現　　　　　金	35,000		

　旅費は「旅費交通費」（費用：交通手段を利用したときの費用）勘定科目を利用します。仮払金の精算は、必ず費用と残金の返金で合計が仮払金の金額になります。すなわち、100,000円仮払いをして65,000円使用したわけですから、残金は35,000円になります。

❸　お金の入金があったときの処理

　内容がわからない場合でも入金される場合があります。当座預金に振り込まれた金額が不明な場合があります。

　例えば、得意先から入金はあったが何の入金か（売掛金の回収 or 予約金など）わからないケースがあてはまります。いったん、「仮受金」（負債：あとで入金処理しなければならない義務）として処理します。

　簿記上は入金として扱われていますので、その事実が判明した場合には、その内容の勘定科目に振り替えられます。

　決算時において、どうしても差額がわからない場合には、「雑益」（収益）にする場合もあります。

取引	本日、当座預金にアメリカ商店から250,000円の振込を受けたが内容が不明である。

借　　　方		貸　　　方	
当　座　預　金	250,000	仮　　受　　金	250,000

取引	営業担当者から連絡があり、先日の当座預金の入金は、アメリカ商店からの売掛金の回収であることが判明した。

借　　　方		貸　　　方	
仮　　受　　金	250,000	売　　掛　　金	250,000

　一時的な勘定科目で処理されていた事項が消滅するとともに、今回の場合は、売掛金の回収であることから、「売掛金」（資産）の減少として処理します。

その他の債権債務
アタック⑥

3　仮払金と仮受金の処理は　(133)

4 立替金と預り金の処理は

Point

♤代わりに払ったときは「立替金」（資産：いずれ回収してお金をもらう権利）、代わりにもらったときは「預り金」（負債：いずれお金を払わなければならない義務）で処理をします。

♤その後、精算をして現金を受け取ったり、支払ったりした時点で、該当する勘定科目を減少させます。

❶ 立替金と預り金の処理は

従業員が支払うべきものを、会社がまとめて払うために、一時的にお金を預かったり、得意先が支払う運賃を代わりに払ったりすることがあります。

これらは、会社が払ったりもらったりする金銭ではないことから、一時的に預かったり、払ったりしているものです（会社が負担すべき支払いは費用であり、もらえるものは収益ですよね）。

代わりに払ったときは「立替金」（資産）、代わりにもらったときは「預り金」（負債）の勘定科目で処理をします。

「立替金」は、他人のために現金を支払っていますが、後でそのお金を返してもらう権利という意味で資産のグループになります。これに対して、「預り金」は、他人からお金を預かっており、後で、このお金を支払わなければならない義務があるという意味で負債のグループになります。

その後、精算として現金を受け取ったり、支払ったりした時点で、「立替金」や「預り金」の勘定科目を減少処理します。

会社は色んな立替金を払ったり、預り金を預かったりします。どのような立替金か預り金を把握するために種類ごとに〇〇立替金、△△立替金と勘定科目を分けて使用することが多いです。

簿記3級では勘定科目名称は問題文中に指示やヒントがありますので、それに従ってください。

❷ 仮に支払ったときの処理

得意先が支払うべき運賃を当社が代わりに支払ったというような場合は、その運賃は、当然得意先に請求してお金を払ってもらえます。

取引 三宮商店が負担すべき発送運賃100,000円を現金で支払った。

借 方		貸 方	
立 替 金	100,000	現 金	100,000

なお、当社が負担すべき運賃の場合は「発送費」（費用）で処理することになります。

取引 本日、三宮商店から上記運賃が当座預金に振り込まれた。

借 方		貸 方	
当 座 預 金	100,000	立 替 金	100,000

立て替えていた処理が終了したことから「立替金」（資産）は減少します。

❸ お金を預かったときの処理

従業員に給与を支払った場合には、給料からその従業員が負担すべき所得税をいったん会社が預り、会社が全員の分の税金を一括して納付します。これを所得税の源泉徴収制度といいます。

従業員の給料は、「給料」（費用）の勘定科目で処理します。

取引 従業員に給料の総額200,000円から源泉所得税20,000円を差し引いて現金で支払った。

借 方		貸 方	
給 料	200,000	現 金	180,000
		所 得 税 預 り 金	20,000

200,000円から預った税金部分の20,000円の控除した残り（いわゆる手取部分）の180,000円を従業員に支払うことになります。

取引 上記の源泉所得税を税務署に現金で支払った。

借 方		貸 方	
所 得 税 預 り 金	20,000	現 金	20,000

会社が従業員より預った税金を従業員にかわって税務署に納付したので「預り金」の減少として処理します。

その他の債権債務
アタック⑥

受取商品券の処理は

Point

♤他店が発行した商品券を受け取ったときは「受取商品券」（資産）という
　勘定科目で処理します。

♤商品券を精算し、現金などを受け取ったとき受取商品券は消滅します。

❶ 受取商品券とは

　百貨店加盟共通商品券、全国共通図書券などのように他の会社が発行した
商品券と引換えに商品を販売することがあります。

　この商品券は発行会社などで精算をして現金を受け取ることができます。
あとで精算してお金をもらう権利がありますので、「受取商品券」という資
産の勘定科目で処理します。

❷ 受取商品券の処理は

　商品の代金として他の会社が発行した商品券を受け取った場合、後日商品
券を発行した会社などに商品券と引き換えに現金をもらうことになります。
このため、あとで精算してお金をもらう権利、つまり資産が増えます。

| 取引 | 商品50,000円を販売し、信販会社の発行した商品券を受け取った。 |

借 方		貸 方	
受 取 商 品 券	50,000	売　　　　上	50,000

　商品を販売していることから「売上」処理をします。お客さんは商品券を
持ってきたわけですから、その商品代金は、商品券を発行した信販会社に請
求する権利として「受取商品券」（資産）の勘定科目を使用して処理します。

| 取引 | 後日、上記商品券をすべて精算し、同額の現金を受け取った。 |

借 方		貸 方	
現　　　　金	50,000	受 取 商 品 券	50,000

　商品券と引き換えに現金を受け取ったので「受取商品券」は減少します。

6 社会保険の処理は

Point

♤社会保険料は従業員負担分と会社負担分があります。

♤従業員負担分を従業員から預かったときは「社会保険料預り金」という預り金の勘定科目で処理をします。

♤会社負担分を支払ったときは「法定福利費」という費用の勘定科目で処理をします。

❶ 社会保険ってなに

社会保険とは健康保険・厚生年金・雇用保険などの総称で、安心して医療を受けたり、老後を送ったり、働いたりできるようにする制度です。

会社に所属している一定要件を満たした人はこれらに加入する必要があり、制度を運営している組織にお金を支払う必要があります。これを社会保険料といいます。

社会保険料は従業員自身が負担する部分と会社が負担する部分があります。

❷ 社会保険料預り金ってなに

社会保険料の従業員自身の負担部分は所得税と同じように会社が預かって納めます。従業員に給与を支払うときに、給料からその従業員が負担する社会保険料をいったん会社が預かり、会社が全員の分と会社負担分を一括して納めます。

この、会社がいったん預かった従業員が負担する社会保険料は、社会保険料預かり金という負債の勘定科目を使います。会社は、この後社会保険の制度を運営している組織に預かった分を支払う義務を負っているので、負債のグループです。

取引　従業員に給料の総額200,000円から源泉所得税20,000円と従業員負担分の社会保険料10,000円差し引いて、従業員の指定する銀行口座へ当社の当座預金から振り込んで支払った。

借 方		貸 方	
給　　　料	200,000	当 座 預 金	170,000
		所 得 税 預 り 金	20,000
		社会保険料預り金	10,000

　200,000円から預かった税金分20,000円及び、社会保険料10,000円を控除した残り170,000円を従業員に支払います。

❸　法定福利費ってなに

　社会保険料の会社負担分は「法定福利費」という費用の勘定科目を使います。

　少し難しい言葉ですが「法定」（法律で会社が負担すると決まっている）の福利（従業員の幸「福」と「利」益）のための費用という意味です。

　会社負担分は従業員から預かった従業員負担分と一括して各社会保険の制度を運営している組織に支払います。

取引　社会保険料預り金10,000円について、同額の会社負担分を加えて現金で納付した。

借 方		貸 方	
社会保険料預り金	10,000	現　　　金	20,000
法 定 福 利 費	10,000		

　会社にとって従業員から預った社会保険を支払ったので「預り金」の減少になります。そして、会社負担分は「法定福利費」という費用の増加として処理します。

　社会保険の従業員負担分の中には従業員から預かる前に支払わなければいけないこともあります。この場合は従業員の為に会社がいったん支払い、その後、従業員からお金を受け取ります。従業員からお金を受け取る権利がありますので、いったん支払った分は「従業員立替金」という資産の勘定科目を使います。

取引 雇用保険料36,000円を一括して現金で納付した。従業員負担分は
12,000円であり、残額の24,000円は会社負担分である。
　　　従業員負担分のうち3,000円分は既に預かっており、残額の9,000円は
いったん会社が立て替えて支払い、その後の毎月の給料から精算する。

借 方		貸 方	
社会保険料預り金	3,000	現　　　　金	36,000
従 業 員 立 替 金	9,000		
法 定 福 利 費	24,000		

　支払った雇用保険36,000円の内訳をまずは整理しましょう。12,000円は従
業員が負担します。3,000円はすでに従業員から預かり、9,000円は、会社が
立て替えました。24,000円は会社の負担部分なので法定福利費（費用）で処
理します。

　会社が立て替えた9,000円は次回の給料から精算され、会社は立て替えた
全額を、受け取ることができます。このため従業員立替え金（資産）の増加
と処理します。

::: 一口メモ　社会保険制度について :::

　社会保険とは、「医療」「年金」「労災」「雇用」「介護」の5つの公的
保険の総称です。この社会保険は、国民の生活保障に関する相互扶助の
考えから強制加入となっています。

　このため、会社においては、従業員全員の保険料を会社の責任で国に
納付することになります。

　しかし、上記のうち、「労災」以外の保険については、従業員の個人
の便益もあることから、個人負担分が発生します。この個人負担分につ
いては、会社は、従業員に給与を支払う際に、給与より天引きして、一
旦会社が預り、会社が負担する分とまとめて納付することになります。

　なお、給与から天引きするものとして、社会保険以外に、源泉所得税、
住民税などがあります。

7 差入保証金の処理は

Point

♤事務所や住宅を借りる際には、家賃保証等の名目で一定金額を家主に預けます。これらは、「差入保証金」の勘定科目を利用して仕訳します。

❶ 差入保証金ってなに

事務所や住宅を借りる際には、家賃保証等の名目で一定金額を家主に預ける場合があります。これらは、「敷金」や「保証金」といった呼び方をされていますが、退去時に家主より返還されるものもあれば、返還されないものもあります。返還されるものについては、家主にとっては、万が一の保険のために金銭を預っているのですが、借りている期間に何事もなければ、そのまま返還されます。

一方預けた側からすれば、利息は付かないものの退去時には金銭が返済される状態ですので、財産価値があるといえます。

このことからこれらの敷金や保証金は資産として計上する必要があります。なお、問題が発生した場合には、退去時に返還されないときは、費用として計上することになります。

❷ 「敷金」等の仕訳は

財産価値のある点から、「差入保証金」（資産）の勘定科目を利用して計上することになります。

なお、家賃は、収益を上げるために必要な費用ですので「支払家賃」（費用）を利用します。

取引 建物の賃貸借契約を締結し、家賃1か月分100,000円と保証金200,000円を現金で支払った。

借 方		貸 方	
支 払 家 賃	100,000	現 金	300,000
差 入 保 証 金	200,000		

8 税金の処理は

Point

♤費用になる税金で法人税等以外の税金を支払った場合には、「租税公課」（費用）という勘定科目で処理します。

♤利益などに応じて支払う法人税、住民税、事業税を支払った場合、「法人税等」（費用）という勘定科目で処理します。

♤「法人税等」の支払いには、中間納付、期末の法人税等の金額の確定、納付の3段階があり、それぞれ仕訳が異なります。

❶ 費用になる税金ってなんのこと

事業を行っているうえで会社はさまざまな税金を負担することになります。

図表50のように、税金の中でも、費用として計上できるものもありますが、費用として計上できない税金もあります。

税金の分類には、国、地方公共団体などどこに納めるのか？また、何に対して、課税されるのか？といった観点から様々な種類があります。

ここでは、難しい議論は別にして、簿記の処理方法という考え方から、費用になる税金と費用にならない税金という区分をします。

【図表50　費用になる税金と費用にならない税金】

費用になる税金	勘定科目「租税公課」	固定資産税、印紙税、自動車重量税等
	勘定科目「法人税等」	法人税、住民税、事業税
費用にならない税金	消費税	

❷ 租税公課の仕訳処理は

固定資産税や印紙税等会社の費用になる税金を支払った場合は、「租税公課」（費用：会社か負担すべき税金）の勘定科目を利用して仕訳を行います。

| 取引 | 建物に対する固定資産税50,000円を現金で支払った。 |

借 方		貸 方	
租　税　公　課	50,000	現　　　　金	50,000

　固定資産税の50,000円を会社が支払ったことから、現金の支出として「現金」の勘定科目は減少し、「租税公課」（費用）の増加になります。

❸　法人税等ってなんのこと

　利益などに応じて国に支払うものを法人税、都道府県や市町村に支払うものを住民税といいます。

　また、会社は事業を行うために道路などの公共施設を使ったり警察や消防などの公共サービスを使ったりすることもあります。この公共施設・サービスの利用に対する負担として支払うものを事業税といいます。

　簿記３級の学習では法人税、住民税、事業税をまとめて「法人税等」という費用の勘定科目を利用をします。

　法人税等の納付の流れは図表51の通りです。

【図表51　法人税等の納付の流れ】

❹ 法人税等の処理は

法人税等の処理は中間納付、期末の法人税等の金額の確定、その後の納付の3つに分かれます。

法人税等の金額は期末に1年間の利益の金額が分かってから確定します。ですが、利益の金額がわからないから、といって税金を1年間納めないとなると、公共サービスの運営などに支障がでることがあります。

このため、多くの会社は当期に支払うと予想される法人税等の金額の半分程度を期中に支払うことになっています。これを、中間申告または中間納付といいます。

一般的には税務署などからこれだけ支払ってください、という納付書が届き、それに従って支払います。

当期に負担する税金の予想額をとりあえず支払うので「仮払金」と同じような性質の「仮払法人税等」（資産）という勘定科目で処理します。

[取引] 法人税600,000円、住民税150,000円および事業税250,000円を現金で納付した。

借　　　　方		貸　　　　方	
仮 払 法 人 税 等	1,000,000	現　　　　　金	1,000,000

法人税、住民税、事業税は全て法人税等として扱いますが、期中の支払いはとりあえず支払うものですので費用ではなく「仮払法人税等」（資産）の増加として処理します。

期末になりますと、1年の利益の金額がわかりますので、実際支払わなければいけない金額がわかります。この金額を「法人税等」（費用）に処理します。

ここで期中にいったん支払った仮払法人税等があったことを思い出してください。これを精算します。

さきに計上した「仮払法人税等」の金額を減少させ、残りの金額はこの後支払う必要がある義務になりますので「未払法人税等」（負債）の勘定科目で処理します。

このように期末に法人税等の計算をすることを法人税等の「確定申告」といいます。

取引　法人税等が2,200,000円と計算されたので、仮払法人税等との差額を未払法人税等として計上する。

借　　　方		貸　　　方	
法　人　税　等	2,200,000	仮 払 法 人 税 等	1,000,000
		未 払 法 人 税 等	1,200,000

　支払わなければいけない法人税等の金額がわかりましたので法人税等（費用）を計上します。

　まずは支払った金額を精算しますので仮払法人税等（資産）は減少します。

　差額は今後支払わなければいけない義務ですので、未払法人税等（負債）が増加します。

　期末に計上した未払法人税等はその後支払います。

取引　計上していた未払法人税等1,200,000を現金で納付した。

借　　　方		貸　　　方	
未 払 法 人 税 等	1,200,000	現　　　　　金	1,200,000

　支払わなければいけない義務だった法人税等の支払いが終わりましたので、「未払法人税等」（負債）の減少として処理します。

❺　消費税ってなんのこと

　消費税とは、国内における商品やサービスの提供に関して課税される税金です。

　この税金は、製造から販売と段階的に課税されますが、負担するのは、商品やサービスの最終の消費者というものです。間接税といわれています。

　会社においては、販売時に預った消費税と、その商品の仕入時に（仮に）支払った消費税の差額を国に納税することになります。

　消費税は、決算時に消費税を計算し、納税をしますが、税金の金額によっては、期中複数回予定納税を行うことがあります。

　では、消費税の処理を見ていきましょう。

【図表52　消費税の処理】

① 商品の購入時の処理

消費税は、原則的には損益には影響させません（税抜き処理）ので、購入時に支払った消費税分は、「仮払消費税」（資産）の勘定科目を利用して仕訳します。

取引　商品を仕入消費税と合わせて11,000円支払った。

借 方		貸 方	
仕　　　　入	10,000	現　　　　金	11,000
仮 払 消 費 税	1,000		

② 商品の販売時の処理

商品販売時には、販売者から預った消費税は、「仮受消費税」（負債）の勘定科目を利用して仕訳します。

取引　商品を売り上げ、消費税と合わせて22,000円受け取った。

借 方		貸 方	
現　　　　金	22,000	売　　　　上	20,000
		仮 受 消 費 税	2,000

③ 決算時の処理

決算においては、期中に計上した仮払消費税と仮受消費税を相殺して、納税額を確定し「未払消費税」(負債)の勘定科目に計上します。

取引　本日決算につき、消費税の納付額を確定した。

借 方		貸 方	
仮 受 消 費 税	2,000	仮 払 消 費 税	1,000
		未 払 消 費 税	1,000

その他の債権債務
アタック⑥

貸倒れ・貸倒引当金の処理は

Point

♤ 売掛金や受取手形のある得意先の倒産等で現金を回収できない状況のことを「貸倒れ」といいます。

♤ 将来どのくらいの割合で貸し倒れる可能性があるかを見積もって貸倒れに備えた金額を「貸倒引当金」（資産のマイナス）といいます。

❶ 貸倒れってなんのこと

商品の販売に際して、信用取引をしているときには、相手方の約束が必ず果たされるかどうかはわかりません。

さらに、売掛金の入金が遅れているだけなら、何度も足を運んで回収する努力をすることは当然ですが、売掛金や受取手形の振出人等が支払能力を失い、また法律的に倒産等で現金を回収できない状況になる場合もあります。

簿記上では、このように回収できない状況を「貸倒れ」といいます。

変動する社会では、このような状況を予測することも難しく、気がついたときには時すでに遅しといった状況の場合もあります。

簿記的にいえば、貸倒れは、「受取手形」や「売掛金」の回収が困難な状態であることから、これらの勘定科目が意味する「将来現金を受け取れる権利」がなくなることを意味しています。

簿記では、もともとの売掛金がどの会計期間に発生したのか、すなわち、いつ売上を計上したかによって処理方法が異なります。

❷ 当期に販売したものが貸し倒れたときは

商品は販売しているものの、その代金が回収できないことから、会計上は回収できない金額分を費用として計上することになります。

この費用計上は、「貸倒損失」（費用：回収できない損失）の勘定科目を利用して処理するとともに、回収できなくなった「売掛金」（資産）や「受取

手形」（資産）を減少させる処理を行います。

取引 先日新規取引先として、取引を始めたばかりのなにわ商店が本日倒産した。なお、なにわ商店への売掛金50,000円は回収の見込みが立たないので貸倒処理を行った。

借 方		貸 方	
貸 倒 損 失	50,000	売 掛 金	50,000

回収の見込みが立たない「売掛金」は、もはや回収できる権利が消滅していますので、「売掛金」の勘定科目を減少させるともに、「貸倒損失」という費用を計上します。

❸ 前期に販売したものが貸し倒れたときは

決算において、「売掛金」及び「受取手形」の決算時点の残高に対して、将来回収できなくなることを想定して「貸倒引当金」という勘定を計上します（詳しくは、P197で学習します）。そのため、前期に販売したものが貸し倒れた場合には、決算において計上した「貸倒引当金」を充当することになります。

取引 前期に販売した商品の売掛金46,000円が本日貸倒れになったことが判明した。なお、前期末の決算において「貸倒引当金」を50,000円設定している。

借 方		貸 方	
貸 倒 引 当 金	46,000	売 掛 金	46,000

❹ 前期に貸倒処理をした売掛金等を回収したときは

過去に貸倒処理した売掛金が、後日、一部入金される場合があります。通常売掛金の入金は、「売掛金」の勘定科目の減少になりますが、過日に、貸倒処理を行った際に、売掛金は減少させてしまっています。

この場合、過去に貸倒処理（費用）した金額の一部が取り返せたという意味で「償却債権取立益」（収益：貸倒れとして償却した売上債権を回収できた）の勘定科目で処理します。

取引 前期に貸倒処理した売掛金10,000円を現金で回収した。

借 方		貸 方	
現 金	10,000	償却債権取立益	10,000

♡その他の債権債務の記帳と仕訳処理にトライしてみよう

問題

1. 得意先大阪商店に対して期間8か月、利率年4％で貸し付けていた貸付金￥2,160,000が本日満期のため利息とともに同店振出の小切手で返済を受けた。 (第104回　第1問改題)

2. 仕入先との商談のため、従業員を沖縄まで出張させることとし、旅費の概算額￥200,000を現金で渡した。 (第110回　第1問改題)

3. 従業員に対する今月分の給料￥210,000の支払いに際し、かねて従業員の生命保険料として立て替え払いしていた金額￥40,000を差し引き、残額は現金で支払った。 (第104回　第1問改題)

4. 従業員の給料100,000円について所得税の源泉徴収額7,000円と従業員負担分の社会保険料10,000円を控除した残額を、当座預金口座から支払った。 (第148回第3問改題)

5. 中間申告を行い、法人税￥1,400,000、住民税￥400,000および事業税￥700,000を現金で納付した。

6. 法人税等が￥3,000,000と計算されたので、仮払法人税等との差額を未払法人税等として計上する。

7. 前期に貸倒れとして処理した売掛金￥100,000のうち、￥60,000が回収され、当座預金の口座に振り込まれた。なお、貸倒引当金勘定の残高は￥30,000である。 (第117回　第1問改題)

8. 取引記録の確認をしたところ、次の各取引について誤りを発見した。よって、これを訂正するための仕訳を示しなさい。なお、訂正にあたっては取引記録のすべてを訂正する方法でなく、記録の誤りのみを部分的に修正する方法によること。

前期に貸倒れとして処理した売掛金￥500,000について、当期にその一部￥100,000を現金で回収した際に次のように処理していました。

(借方) 現　　　　　金　100,000　(貸方) 貸 倒 引 当 金　100,000

解答

1	(借方) 現　　　　金	2,217,600	(貸方) 貸　付　金	2,160,000
			受 取 利 息	57,600
2	(借方) 仮　払　金	200,000	(貸方) 現　　　金	200,000
3	(借方) 給　　　料	210,000	(貸方) 従業員立替金	40,000
			現　　　金	170,000
4	(借方) 給　　　料	100,000	(貸方) 当 座 預 金	83,000
			所得税預り金	7,000
			社会保険料預り金	10,000
5	(借方) 仮払法人税等	2,500,000	(貸方) 現　　　金	2,500,000
6	(借方) 法 人 税 等	3,000,000	(貸方) 仮払法人税等	2,500,000
			未払法人税等	500,000
7	(借方) 当 座 預 金	60,000	(貸方) 償却債権取立益	60,000
8	(借方) 貸 倒 引 当 金	100,000	(貸方) 償却債権取立益	100,000

解説

1　受取利息：￥2,160,000×4％×8か月÷12か月＝￥57,600
　　元金と利息を合わせた金額の他人振出小切手を受け取ったため、「現金」勘定で処理をします。

2　旅費を概算払いしていますので、「仮払金」勘定で処理をします。

3　従業員の生命保険料の立替分は「立替金」の勘定科目で処理をします。

4　所得税・社会保険料は従業員から預り、後日会社が納付しますのでそれ

♡その他の債権債務の記帳と仕訳処理にトライしてみよう　149

ぞれ「所得税預り金」「社会保険料預り金」勘定で処理します。

5　3種類の税金が記載されていますがこれらは全て「法人税等」に関するものです。中間申告では年間負担額の半分程度をとりあえず支払いますので「仮払法人税等」勘定で処理します。

6　法人税等の金額が確定しました。期中に支払った「仮払法人税等」は減少させ、差額はこの後支払う必要がありますので「未払法人税等」勘定で処理します。

7　前期以前に貸倒れとして処理した売掛金などの債権を回収したときは、「償却債権取立益」勘定で処理をします。

8　間違って計上した貸方の貸倒引当金を借方に仕訳をすることで訂正し、正しい勘定科目である「償却債権取立益」を貸方に新たに計上します。

■■|一口メモ| 電子マネーの話 ■■■■■■■■■■■■■■■■■■■■■■■■■■■■■

　最近、交通系をはじめ電子マネーが世間に出回っています。これらの電子マネーは、一定金額をチャージしてそのチャージの範囲で交通機関への乗車はもとよりさまざまなものを購入することができます。

　これら電子マネーはカードの発行会社にお金をチャージします。そのチャージされたお金は、物に換えることができます。

　簿記的にいえば、カード発行会社は何にでも交換できる「商品券」を発行したことと同じになります。

　また、交通系の電子マネーのように、他社の交通機関を利用した場合は、その代金をカード発行会社に請求することになります。こちらは、「他店商品券」を受け取ったことと同じになります。

　かつては、商品券や図書券といった券類が大量に発行されていましたが、時代とともに、電子マネーという形に変えてこの仕組みは残っています。

♥超重要キーワード／その他の債権債務これだけは覚えよう

① 貸付金と借入金

お金を貸したときは「貸付金」、借りたときは「借入金」の勘定科目を使います。お金を貸せば利息がもらえ（「受取利息」）お金を借りれば利息を支払う（「支払利息」）ことになります。

① 貸した側

(a)	貸付時	(借方)	貸　付　金	×××	(貸方)	現　　　金	×××
(b)	返済時	(借方)	現　　　金	×××	(貸方)	貸　付　金	×××
						受 取 利 息	×××

② 借りた側

(a)	借入時	(借方)	現　　　金	×××	(貸方)	借　入　金	×××
(b)	返済時	(借方)	借　入　金	×××	(貸方)	現　　　金	×××
			支 払 利 息	×××			

② 手形貸付金と手形借入金

通常の「貸付金」や「借入金」と区別して「手形貸付金」、「手形借入金」という勘定科目を利用する。

③ 仮払金・仮受金

利用目的や入金理由がわからないときでも、お金が動けば仕訳をします。その際に利用する勘定科目で、通常は、決算までに、利用目的や、入金理由を調べて該当する科目に振り替えます。

① 仮払金の処理

(a)	仮払時	(借方)	仮　払　金	×××	(貸方)	現　　　金	×××
(b)	精算時	(借方)	旅 費 交 通 費	×××	(貸方)	仮　払　金	×××
			現　　　金	×××			

② 仮受金の処理

(a)	仮受時	(借方)	現　　　金	×××	(貸方)	仮　受　金	×××
(b)	内容が判明時	(借方)	仮　受　金	×××	(貸方)	売　掛　金	×××

④　立替金と預り金

　他人のために、お金を使ったり、預かったりした場合に利用する勘定科目です。目的が達成されれば、減少します。

① 立替金

(a)	立替時	（借方）	立　替　金	×××	（貸方）	現　　金	×××
(b)	立替金の返金時	（借方）	現　　金	×××	（貸方）	立　替　金	×××

② 預り金

(a)	給与の支払時	（借方）	給　料	×××	（貸方）	現　　金	×××
						預　り　金	×××
(b)	税金納付時	（借方）	預　り　金	×××	（貸方）	現　　金	×××

⑤　受取商品券

　自らの商品券を発行した場合には、「商品券」、他人が発行した商品券を扱った場合には「受取商品券」の勘定科目を利用します。問題では、誰の商品券の仕訳かについて確認することが重要です。

(a)	商品の販売したとき
	（借方）受取商品券　×××　（貸方）売　上　×××
(b)	商品券発行会社に代金を請求し、入金されたとき
	（借方）現　金　×××　（貸方）受取商品券　×××

⑥　社会保険料

　社会保険料は従業員負担分と会社負担分があります。

① 従業員負担分を預かったとき

（借方）給　料　×××　（貸方）当座預金　×××
　　　　　　　　　　　　　　　　社会保険料預り金　×××

② 会社負担分と合わせて納付したとき

（借方）法定福利費　×××　（貸方）当座預金　×××
　　　　社会保険料預り金　×××

　敷金等は、「差入保証金」の勘定科目をして処理します。

（借方）支払家賃　100,000　（貸方）　300,000
　　　　差入保証金　200,000

⑦　税金

　費用になる税金の処理は、「租税公課」又は「法人税等」の勘定科目を利用します。

費用になる税金	勘定科目「租税公課」	固定資産税、印紙税、自動車重量税等
	勘定科目「法人税等」	法人税、住民税、事業税
費用にならない税金	消費税	

⑧　法人税・消費税の処理

　期中の中間納付、期末の確定申告、その後の納付で処理が異なります。

(a)	中間納付時	（借方）	仮払法人税等	×××	（貸方）	現　　　　金	×××
(b)	確定申告時	（借方）	法 人 税 等	×××	（貸方）	仮払法人税等	×××
						未払法人税等	×××
(c)	納　　付	（借方）	未払法人税等	×××	（貸方）	現　　　　金	×××

　消費税は、最終消費者が負担する税金であるため、会社の損益には影響させません。

(a)	商品購入時	（借方）	仕　　　　入	10,000	（貸方）	現　　　　金	11,000
			仮 払 消 費 税	1,000			
(b)	商品販売時	（借方）	現　　　　金	22,000	（貸方）	売　　　　上	20,000
						仮 受 消 費 税	2,000
(c)	決　算　時	（借方）	仮 受 消 費 税	2,000	（貸方）	仮 払 消 費 税	1,000
						未 払 消 費 税	1,000

⑨　貸倒れの処理

　いつ発生した売掛金が貸し倒れたかについて注目します。

①　当期に発生した売掛金が当期貸し倒れたとき

　　　（借方）　貸 倒 損 失　×××　　（貸方）　売　掛　金　×××

②　前期に発生した売掛金が当期貸し倒れたとき

　　　（借方）　貸 倒 引 当 金　×××　　（貸方）　売　掛　金　×××

③　前期に貸倒処理した債権が回収されたとき

　　　（借方）　現　　　金　×××　　（貸方）　償却債権取立益　×××

♥アタック6に出てきた仕訳を押さえておこう

1 神戸商店は、京都商店に頼まれて、現金1,000,000円を貸した（借用証書を受け取った）。

2 期日に、京都商店から元金1,000,000円と利息50,000円を合わせて現金で回収した。

3 京都商店は、神戸商店に頼んで、現金1,000,000円を借りた（借用証書を書いた）。

4 期日に京都商店は神戸商店に元金1,000,000円と利息50,000円を合わせて現金で返済した。

5 神戸商店は、京都商店に頼まれて、現金1,000,000円を貸した（手形を担保に受け取った）。

6 期日に、京都商店から元金1,000,000円と利息50,000円を合わせて現金で返済された。

7 京都商店は、神戸商店に頼んで、現金1,000,000円を借りた（手形を担保にした）。

8 期日に京都商店は神戸商店に元金1,000,000円と利息50,000円を合わせて現金で返済した。

9 従業員の森さんの出張のために、旅費の概算額として100,000円を現金で渡した。

10 森さんが出張から帰り、「旅費として65,000円支払った」との報告を受け、残金を受け取った。

11 本日、当座預金にアメリカ商店から250,000円が振り込まれたが内容は
 不明である。

12 営業担当者から連絡があり、先日の当座預金の入金は、アメリカ商店か
 らの売掛金の回収であることが判明した。

13 三宮商店が負担すべき発送運賃100,000円を現金で支払った。

14 本日、三宮商店から上記運賃が当座預金に振り込まれた。

15 従業員に給料の総額200,000円から源泉所得税20,000円を差し引いて現
 金で支払った。

16 上記の源泉所得税を税務署に現金で支払った。

17 商品50,000円を販売し、信販会社の発行した商品券を受け取った。

18 後日、上記商品券をすべて精算し、同額の現金を受け取った。

19 従業員に給料の総額200,000円から源泉所得税20,000円と従業員負担分
 の社会保険料10,000円を差し引いて、従業員の指定する銀行口座へ当社
 の当座預金から振り込んで支払った。

20 社会保険料料預り金10,000円について、同額の会社負担分を加えて現金
 で納付した。

21 雇用保険料36,000円を一括して現金で納付した。従業員負担分は12,000
 であり、残額の24,000円は会社負担分である。
 従業員負担分のうち3,000円分は既に預かっており、残額の9,000円は
 いったん会社が立て替えて支払い、その後の毎月の給料から精算する。

22 建物の賃貸借契約を締結し、家賃１ヵ月分100,000円と保証金200,000円を現金で支払った。

23 建物に対する固定資産税50,000円を支払った。

24 中間申告を行い、法人税600,000円、住民税150,000円および事業税250,000円を現金で納付した。

25 法人税等が2,200,000円と計算されたので、仮払法人税等との差額を未払法人税等として計上する。

26 計上していた未払法人税等1,200,000円を現金で納付した。

27 商品を仕入消費税と合わせて11,000円支払った。

28 商品を売上消費税と合わせて22,000円受取った。

29 本日決算につき、消費税の納付額を確定した。

30 先日新規取引先として、取引を始めたばかりのなにわ商店が本日倒産した。なお、なにわ商店への売掛金50,000円は回収の見込みが立たないので貸倒処理を行った。

31 前期に販売した商品の売掛金46,000円が本日貸倒れになったことが判明した。なお、前期末の決算において「貸倒引当金」を50,000円設定している。

32 前期に貸倒処理した売掛金10,000円を現金で回収した。

純資産会計

　ここでは、株式会社のしくみについて学習します。株式会社は、株主からの出資を受けて営業している会社のことです。

　また、純資産とは、アタック１で学習したように、資産と負債の差額のことをいいます。この差額は、株式会社の出資者である株主の純粋な持分でもあります。

　なお、純資産に含まれる項目は、たくさんありますが、簿記３級では、「資本金」と「利益剰余金」を学習します。

純資産ってなに

Point

♧会社が株式を発行して集めた資金を資本金といい、1株当たりの金額×株式数で計算されます。

♧設立後新たに資金を調達することを増資といいます。増資の際も資本金は増加し、設立時と同様に計算されます。

❶ 株式会社のしくみ

　社会には、儲けるために活動している団体はありますが、法律上の人として扱われるものを法人といいます。法人にはさまざまありますが、その中で一番多い形態が「株式会社」です。簿記3級では、小規模株式会社について学習します。

　商売をするには、設備の投資や人の雇用など、多くお金が必要になります。このお金を「株式」という細分化された権利で多くに人から集めることができるしくみが、株式会社です。

　なお、お金を出してくれる人のことを「株主」といいます。

　株主は、自ら出したお金（この行為を出資といいます）は、会社に対して返済を要求することはできませんが、自らのお金を出す代わりに、会社のオーナーとして意見を言える権利（「議決権」）や会社が儲かったときに、配当を受ける権利を持っています。

　なお、株主を保護するために、株式会社が破綻した場合、自らが出資したお金は戻ってきませんが、自らの出資額以上の負担を求められることもありません。これを株主の有限責任といいます。

　一方、株式会社の経営は、経営のプロである「取締役」に任せるという形をとっています（これを「所有と経営の分離」といいます）。

　「取締役」は、株式会社の実質的経営者で、複数人数がいる場合には、取締役会を構成して、会社の実体としての運営を行っていきます。なおその代

表者のことを「代表取締役」といいます。

　そして、年に１度「株主」が会社の経営状況を把握するために、株主総会が開催されます。株主総会は、会社の所有者である株主の集まりであることから、会社最高の意思決定機関としてとらえられ、会社の重要な事項はこの会議で決議されます。この決議に先立って、株主が会社の状況を把握するために、、複式簿記を用いて作成された決算書の承認が行われます。

　そして、承認された決算書をもとに株主に対する配当を決議します。

　なお、株主総会において「取締役」や「監査役」の選任もあわせて行われることもあります。

❷　純資産ってなに

　商売を行う上で会社は、資産や負債を保有することになりますが、決算書において、株主の持分等を明確にするために、貸借対照表に純資産という項目を設けています。

　複式簿記においては、貸方、借方の合計は、一致することが原則ですので、純資産は、資産と負債の差額と表現されますが、実体は図表53のように分類されます。

【図表53　純資産のしくみ】

貸 借 対 照 表

		負　債
資　産	純資産	株主資本
		評価差額等

　純資産は、大きく、株主の持分を示す項目である「株主資本」と資産の評価の差額や、自己株式、新株予約権等の２つに分解されます。「株主資本」以外の部分は、会社の財産について評価を行った差額等が記載される部分となりますが、これらについては、簿記２級以降で学習する項目となり、まずは、簿記３級において、「株主資本」について学習することになります。

　株主資本は図表54のように、株主からの払込部分と会社の儲けの部分に分

類することができます。

【図表54　株主部分の分類】

株主からの払込の部分	資本金	
	資本剰余金	資本準備金
		その他の資本剰余金
会社の儲けの部分	利益剰余金	利益準備金
		その他の利益剰余金

(1)　株主からの払込の部分

　株主からの出資に関するグループで、「資本金」「資本準備金」「その他の資本剰余金」等はあります。

　なお、「資本準備金」「その他の資本剰余金」については、簿記2級以降で学習します。

(2)　会社の儲けの部分

　会社が設立されて以来会社の儲けのうち配当されなかった部分を記載しています。

　一定の規制はありますが、これらの儲けのうち会社に保留されている部分は、株主の持ち物ということになります。

❸　資本金ってなに

　資本金とは、株主から出資された金額のうち、会社法が定める法定資本で、株式会社が最低限維持しなければならないものをいいます。これは、株主は出資義務を負うだけで、それ以上の負担を行わないため、債権者等を守るために規定されています。

　会社が設立されたとき、株式会社では、株主からの出資を受け、株主に対して、株式を交付します。

　会社が、株式を発行し株主より払い込まれた資金は、出資金として、払込金額相当額を「資本金」（純資産）の勘定科目で処理されます（なお、図表55のように、払込金額の一部を資本金としないで資本準備金として処理される場合がありますが、こちらに関しては、簿記2級以降で学習します）。

【図表55 資本金の処理】

原則	払込金額の全額（１株あたりの金額×発行された株式数）
容認	払込金額の１／２以上

なお、資本金の増加する金額は、次のように計算します。

１株当たりの金額×株式数＝払込金額

[取引] 株式会社の設立にあたり、株式510株を１株あたり10,000円で発行し、株主より全株式分当座預金に振り込まれた。なお、払込金額の全額を資本金とした。

借	方		貸	方	
当 座 預 金	5,100,000	資	本	金	5,100,000

510株×10,000円＝5,100,000円仕訳

❹ 増資ってなに

株式会社においては、お金が足らなくなった場合には、新たに株主を募集して資金を調達するために、取締役会の決議で定款に記載された発行可能株式総数の範囲で新株の発行をすることができます。これを授権資本制度といいます。

この制度を利用して、新株を発行した場合には、会社の発行済みの株式の数は増加するとともに、資本金も増加することになります。

簿記においては、会社設立の時と同様に資本金を増加させる処理を行います。

なお、増加させる資本金の金額は、設立のときと同じように下記のように計算します。

１株当たりの金額×株式数＝払込金額

[取引] セルバ株式会社は、取締役会の決議により新たに490株を一株10,000円で発行し、全株式について払い込みを受け、払い込み金額を当座預金に預け入れた。

借	方		貸	方	
当 座 預 金	4,900,000	資	本	金	4,900,000

490株×10,000円＝4,900,000

剰余金の配当ってなに

Point
♤株主は、会社の儲けの中から、配当を受け取ることができます。
♤会社が配当を行った場合には、配当金額の10%を利益準備金として会社に留保します。

❶ 繰越利益剰余金とは

過去の会社の損益の振替により、会社に留保されているものです（損益の振替については、アタック12で詳細を解説します）。

株主は、会社の事業を行うための資金を提供しており、その資金を利用して儲けたものであることから、いわば、この繰越利益剰余金は株主のものであるといえます。

このことから、繰越利益剰余金は、株主資本の一部として純資産に蓄えられているのです。

❷ 繰越利益剰余金の配当とは

繰越利益剰余金は、株主のものであり本来は、決算が終了した際に株主に分配されるべきものです。

しかし、会社は発展的に拡大することを、株主を含めて目的としていることから一時的に会社に蓄えられているに過ぎません。

一方で、株主は、自らの資金を会社に出資していることから、なんらかの特典もほしいものです。

これが、株主に対する配当です。

配当をするか否かについては、株式会社の最高の意思決定機関である株主総会で決議されます。このため、配当は、図表56のように株主総会において、決算が確定したのちに行われるため、翌期に行われることになります。

【図表56　配当のしくみ】

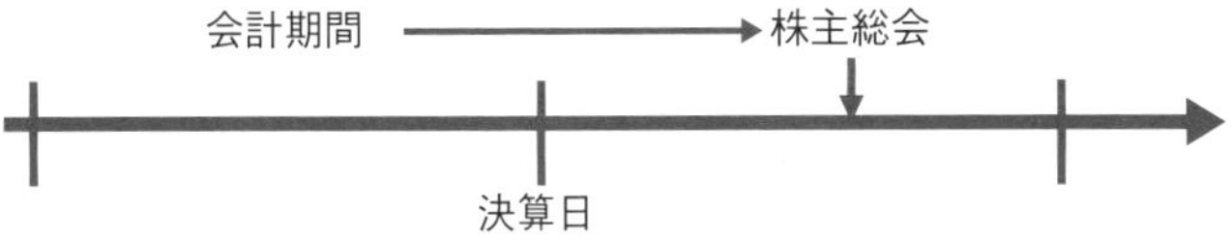

注：通常株主総会は、決算書の承認が必要なため、決算日後の３か月以内に開催される
　　ことになっています

　なお、会社の債権者の保護のため、会社法では、配当に対して資本金の４
分の１に達するまで、配当金の10％を「利益準備金」として純資産の部に計
上しなければならないことになっています。

❸　配当の仕訳は

　配当を行うと繰越利益剰余金は減少することになります。通常は、配当は、
株主総会で決議され、その後株主に対して配当が支払われることになること
から、株主総会で決定した配当金は、「未払配当金」としして計上され、後
日「未払配当金」の支払いが行われる形で仕訳されます。

[取引]　本日の株主総会で、１株につき50円（発行済み株式総数は1,000株）総
額50,000円の決議が行われた。なお、資本金は10,000,000円であり、利
益準備金はない。

借　　　方		貸　　　方	
繰越利益剰余金	55,000	未 払 配 当 金	50,000
		利 益 準 備 金	5,000

　配当が行われた際には、繰越利益剰余金が減少します。

　なお、本取引では、資本金は10,000,000円であることからその4分の１は
2,500,000円であり、配当前の利益準備金は0円であることから、配当額の
10％（50,000×10％＝5,000円）が利益準備金に組み入れられることになりま
す。

[取引]　先日の株主総会で決議された、配当金につき本日当座預金より支払が
行われた。

借　　　方		貸　　　方	
未 払 配 当 金	50,000	当 座 預 金	50,000

♡純資産会計の記帳と仕訳処理にトライしてみよう

問題

1. 株式会社神戸は、会社の設立にあたり、株式1,000株を1株の払込金額50,000円で発行し、全株式の払込を受け、払込金額は当座預金とした。

2. 取締役会の決議により、増資が決定し、株式10株を1株あたり12,000円で発行し、全額の払込を受け払込金は当座預金とした。

3. 株主総会で繰越利益剰余金1,500,000円の一部を次のとおり処分することが承認された。
   株主配当金：200,000円
   利益準備金の積立：20,000円

解答

1 （借方）当 座 預 金 50,000,000 （貸方）資 本 金 50,000,000
   資本金の組み入れに関して記載のない場合には、原則的に全額資本金とする。

2 （借方）当 座 預 金 120,000 （貸方）資 本 金 120,000

3 （借方）繰越利益剰余金 220,000 （貸方）未 払 配 当 金 200,000
                                         利 益 準 備 金 20,000

♥超重要キーワード／純資産これだけは覚えよう

① 株式会社とは

　法人は様々がありますが、その中で、一番多い形態が「株式会社」です。株式会社のオーナーは「株主」と呼ばれます。

② 純資産とは

　財務諸表において、株主の持分等（「株主資本」）を明確にするために、純資産という項目を設けています。

　株主資本は以下のように2つのグループに分かれます。

株主からの払込の部分		資本金
	資本剰余金	資本準備金
		その他の資本剰余金
会社の儲けの部分	利益剰余金	利益準備金
		その他の利益剰余金

③ 会社の設立

　会社が設立されたとき、株式会社では、株主からの出資を受け、株主に対して、株式を交付します。株主より払い込まれた資金は、「資本金」の勘定科目で処理されます。資本金の増加する金額は、以下のように計算します。

1株当たりの金額×株式数＝払込金額

④ 増資

　増資とは、お金が足らなくなった場合に、新たに株主から資金を調達することを言います。増資においての資本金の金額は、次のように計算します。

1株当たりの金額×株式数＝払込金額

⑤ 繰越利益剰余金の配当

　株主総会で決議により株主に対して配当が支払われます。なお、配当金の10%は利益準備金として会社に留保されます。

　なお、配当により繰越利益剰余金は減少します。

♥アタック7に出てきた仕訳を押さえておこう

1　株式会社の設立にあたり、株式510株を1株あたり10,000円で発行し、株主より全株式分当座預金に振り込まれた。なお、払込金額の全額を資本金とした。

2　セルバ株式会社は、取締役会の決議により新たに490株を1株10,000円で発行し、全株式について払い込みを受け、払い込み金額を当座預金に預け入れた。

3　本日の株主総会で、1株につき50円（発行済み株式総数は1,000株）総額50,000円の決議が行われた。なお、資本金は10,000,000円であり、利益準備金はない。

4　先日の株主総会で決議された、配当金につき本日当座預金より支払が行われた。

一口メモ 配当できないこともある。

　会社は、継続的に商売をすることを目的としています。過去からの利益の保留分は、今後の投資活動をために使う目的ほか将来の退職金や創立記念事業のために置いておくこともあります。これらは、株主総会で、目的を定めて積立金として繰越利益剰余金から振替えて計上しておくことを決議します。

　このため、繰越利益剰余金が少なくなり配当できない場合もあります。

　このように繰越利益剰余金は、株主の持ち物ですから、会社に留保するも、配当するも株主総会で決めることになり、結果として「配当なし」という決議も存在しています。

　繰越利益剰余金のうち配当可能な金額のことを特に配当可能利益といいます。

試算表の完成

　決算書は、1年間の活動の結果を表示するものですが、
会計期間の途中で会社の状況を把握したい場合もあります。
　このために会社は試算表を作成します。ここては、3種
類の試算表について学習します。

試算表ってなに

Point

♤試算表は、すべての勘定科目を一覧表にして取引の集計の状況を把握する
ことで、チェックの役割を果たしています。

♤すべてを集計した試算表も必ず借方の合計と貸方の合計は、バランスする
ことになります。

❶ 試算表ってなんのこと

簿記のしくみは、アタック1で解説したように、日々の取引について仕訳
帳に仕訳を記入するとともに、総勘定元帳へ転記することで、会社の状況を
集計しようとするものです。しかし、それらの作業は、人が行う場合、転記
誤り等が発生することもあります。

一方で、決算書は、1年間の活動の結果を表示しているものですが、会計
期間の途中で、会社の状況を把握したい場合もあります。このために、会社
はしばしば試算表（T/B:Trial balance）という表を作成します。この試算
表により、仕訳のチェックはもとより簡便的に会社の現状を把握することが
できます。

試算表は今までの仕訳の集計表ともいえます。

このように、試算表は、仕訳帳から総勘定元帳という主要簿に対して、す
べての勘定科目を一覧表にして取引の集計の状況を把握することで、会社の
状況を把握するとともに、チェックの役割を果たしています。

❷ 試算表の役割ってなんのこと

取引を記録する仕訳は、常に借方金額と貸方金額がバランスするように行
われています。このため、すべてを集計した試算表も必ず借方の合計と貸方
の合計は、バランスすることになります。

逆に、試算表を作成して借方金額の合計と貸方金額の合計がバランスしな

い場合は、仕訳の処理や転記のどこかで間違いがあります。

　ただし、試算表で借方金額の合計と貸方金額の合計が、バランスしていても、図表57のような誤りは、発見できません。

【図表57　発見できない誤り】

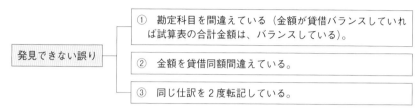

　そのためこのような誤りを発見するために、期の途中（月ごと等）で試算表を作成しながら、その動きや状況を把握して、誤りがないかチェックをします。試算表を通じて、できるだけ早い時期に誤りを修正しておきます。

■ 一口メモ　日商簿記３級の試験対策 ■■■■■■■■■■■■■■■■■■■■

　日商簿記検定の第３問では、試算表に関する問題が多く出題されます。ある一時点の合計試算表や残高試算表を最初に見せ、その後の取引を集計させ、再び試算表を作成させるといった問題です。

　集計作業をする取引は日付ごと、取引の種類ごとなど出題形式はさまざまですが、いずれにしても、解答するためには、すべての取引を集計しなければなりません。

　このような問題の解き方として、次の方法があります。

①　すべての仕訳を下書用紙に書いて、すべてのＴ字フォームに転記する。

②　頭で仕訳をして、すべてのＴ字フォームだけを下書き用紙に書く。

③　すべての仕訳を下書用紙に書いて、勘定科目ごとに電卓で集計する。

　いずれの方法でもよいのですが、①が一番確実な方法です。

　ただ、このような問題は、仕訳、転記のスピードが勝負なので練習が必要です。

❸ 試算表の種類をつかもう

　試算表とは、総勘定元帳のすべての勘定科目について、借方、貸方それぞれの合計金額や勘定科目ごとに残高を求め、それを一覧表にしたものですが、その集計のしかたによって、試算表には3つの種類があります。

① 合計試算表

　図表58のとおり各勘定科目の借方の合計金額、貸方の合計金額を一覧表にしたものです。試算表自体の合計金額は、取引全体の合計金額を示し、会社の取引のボリュームを見るのに役立ちます。

【図表58　合計試算表の例】

合 計 試 算 表

借方合計	勘定科目	貸方合計
	現　　　　　金	
	備　　　　　品	
	借　　入　　金	
	資　　本　　金	
	売　　　　　上	
	仕　　　　　入	
	給　　　　　料	
	通　　信　　費	

② 合計残高試算表

　各勘定科目の借方の合計金額、貸方の合計金額を一覧表にした表の外側に、残高を計算し結果を出せる表を合体させることによって、各勘定科目の残高を求めます（図表59）。

　残高の求め方は、各勘定科目それぞれの借方合計の金額、貸方合計の金額の大きい金額の側の合計金額から小さい金額の側の合計金額を差し引き、その答えを、金額の大きい側（借方 or 貸方）に記載します。

　通常は、各勘定科目のホームポジション側に残高が残ることになります。

このように、合計残高試算表は、各勘定科目の残高の集計過程を一覧表にした表です。

【図表59　合計残高試算表の例】

合計残高試算表

借方残高	借方合計	勘定科目	貸方合計	貸方残高
		現　　　　　金		
		備　　　　　品		
		借　　入　　金		
		資　　本　　金		
		売　　　　　上		
		仕　　　　　入		
		給　　　　　料		
		通　　信　　費		

③　残高試算表

　合計残高試算表は、借方合計、貸方合計という各仕訳を集計する行がありましたが、この行を省略し、合計残高試算表の左右の端の各勘定科目の残高金額のみを一覧表にした表を残高試算表といいます（図表60）。

　通常、試算表といわれれば、残高試算表を指します。

【図表60　残高試算表の例】

残　高　試　算　表

借方残高	勘定科目	貸方残高
	現　　　　　金	
	備　　　　　品	
	借　　入　　金	
	資　　本　　金	
	売　　　　　上	
	仕　　　　　入	
	給　　　　　料	
	通　　信　　費	

❹ 試算表のしくみをつかもう

　試算表は常に作成することができますが、そこから、暫定的な貸借対照表や損益計算書を作成することができます。

　ここでは、模式的にそのしくみを理解してみましょう。

　試算表の勘定科目は、通常資産グループから負債グループ、純資産グループ、収益グループ、費用グループの順に並べていきます。

　このため、試算表は、図表61のアミ掛けのように大きく5つのグループに分けることができます。

【図表61　勘定科目の配置】

残 高 試 算 表

借方残高	勘定科目	貸方残高	
資産グループ	現　　　　　　金		
	当 座 預 金		
	受 取 手 形		
	売 　 掛 　 金		
	備　　　　　　品		
	支 払 手 形	負債グループ	貸借対照表
	買 　 掛 　 金		
	借 　 入 　 金		
	未 　 払 　 金		
	預 　 り 　 金		
	資 　 本 　 金	純資産グループ	
	売　　　　　　上	収益グループ	損益計算書
	受 取 利 息		
費用グループ	仕　　　　　　入		
	通 　 信 　 費		

　線より上の部分は、貸借対照表を表し、下の部分は損益計算書を表します。

　このようにして、上下分割して、簡易的な貸借対照表と損益計算書を作成することで、その時点の会社の状況を把握することができます。

2

実際に試算表を作成してみよう

Point

♤仕訳はすべて行い、わからない仕訳はとばさずに勘定科目の所に［＿＿＿＿］
を書いて順に解く

♤下勘定を利用してもよいが各勘定科目ごとに借方合計と貸方合計を電卓で
合計するくせをつけよう

❶ 試算表を作成してみよう

下記の①アタック１で作成した貸借対照表を基準にして、②アタック２か
らアタック７までに学習した取引を集計して、現在時点の合計試算表を完成
させなさい。

① アタック１で作成した貸借対照表

貸 借 対 照 表
令和✕✕年12月31日　　　　　　　　　　　　　　　　（単位：円）

資　　　　　産	金　　　　　額	負債および純資産	金　　　　　額
現　　　　　金	5,850,000	買　　掛　　金	1,500,000
売　　掛　　金	2,000,000	借　　入　　金	700,000
備　　　　　品	250,000	資　　本　　金	5,100,000
		繰 越 利 益 剰 余 金	800,000
	8,100,000		8,100,000

② アタック２からアタック７までに学習した取引

2/1　大阪商店に500,000円の商品を販売し代金は同店振出の小切手で受け
　　　取った。

2/4　大阪商店に500,000円の商品を販売し、代金は同店振出の小切手で受け
　　　取りただちに当座預金とした。

2/6　東京商店へ500,000円の商品を販売し、代金は当店振出の小切手で受け
　　　取った。

3/11 　大阪商店に1,500,000円の商品を売り上げ、代金は掛けとした。

3/14 　上記商品の一部に品違いがあったので、100,000円分の商品の返品を受けた。

3/19 　大阪商店に商品1,500,000円を売り上げ、代金は掛けとした。なお、発送運賃100,000円を現金で支払っている。（発送運賃は当方負担）

2/7 　京都商店から100,000円の商品を仕入れ、小切手を振出して支払った。

3/7 　奈良商店から1,000,000円の商品を仕入れ、代金は掛けとした。なお、引取運賃100,000円は現金で支払った。

4/1 　神戸商店は、大阪商店に対する売掛金1,500,000円の決済日に、大阪商店を振出人、神戸商店を名宛人とする約束手形を受け取った。

4/2 　神戸商店は、奈良商店に対する買掛金1,500,000円の決済日に、神戸商店を振出人、奈良商店を名宛人とする約束手形を振り出した。

5/5 　営業用の備品1,000,000円を購入し、代金については月末支払うこととした。なお、運送費10,000円は現金で支払った。

6/1 　神戸商店は、京都商店に頼まれて、現金1,000,000円を貸した（借用証書を受け取った）。

6/2 　期日に、京都商店から元金1,000,000円と利息50,000円を合わせて現金で回収した。

6/11 　本日、当座預金にアメリカ商店から250,000円が振り込まれたが内容は不明である。

6/12 　営業担当者から連絡があり、先日の当座預金の入金は、アメリカ商店からの売掛金の回収であることが判明した。

6/15 　従業員に給料の総額200,000円から源泉所得税20,000円を差し引いて現金で支払った。

合 計 試 算 表

借方合計	期間借方	前期繰越	勘定科目	前期繰越	期間貸方	貸方合計
		5,850,000	現　　　　金			
			当 座 預 金			
			受 取 手 形			
		2,000,000	売 　掛　 金			
			貸 　付　 金			
		250,000	備　　　　品			
			支 払 手 形			
			買 　掛　 金	1,500,000		
			未 　払　 金			
			借 　入　 金	700,000		
			預 　り　 金			
			仮 　受　 金			
			資 　本　 金	5,100,000		
			繰越利益剰余金	800,000		
			売　　　　上			
			受 取 利 息			
			仕　　　　入			
			給　　　　料			
			発 　送　 費			
		8,100,000		8,100,000		

解答

仕訳は以下のとおりになる。

No.	日付	勘定科目	金額	勘定科目	金額
1	2/1	現　　　　金	500,000	売　　　　上	500,000
2	2/4	当 座 預 金	500,000	売　　　　上	500,000
3	2/6	当 座 預 金	500,000	売　　　　上	500,000
4	3/11	売 掛 金	1,500,000	売　　　　上	1,500,000
5	3/14	売　　　　上	100,000	売 掛 金	100,000
6	3/19	売 掛 金 発 送 費	1,500,000 100,000	売　　　　上 現　　　　金	1,500,000 100,000
7	2/7	仕　　　　入	100,000	当 座 預 金	100,000
8	3/7	仕　　　　入	1,100,000	買 掛 金 現　　　　金	1,000,000 100,000
9	4/1	受 取 手 形	1,500,000	売 掛 金	1,500,000
10	4/2	買 掛 金	1,500,000	支 払 手 形	1,500,000
11	5/5	備　　　　品	1,010,000	未 払 金 現　　　　金	1,000,000 10,000
12	6/1	貸 付 金	1,000,000	現　　　　金	1,000,000
13	6/2	現　　　　金	1,050,000	貸 付 金 受 取 利 息	1,000,000 50,000
14	6/11	当 座 預 金	250,000	仮 受 金	250,000
15	6/12	仮 受 金	250,000	売 掛 金	250,000
16	6/15	給　　　　料	200,000	現　　　　金 預 り 金	180,000 20,000

合 計 試 算 表

借方合計	期間借方	前期繰越	勘定科目	前期繰越	期間貸方	貸方合計
7,400,000	1,550,000	5,850,000	現　　　　金		1,390,000	1,390,000
1,250,000	1,250,000		当 座 預 金		100,000	100,000
1,500,000	1,500,000		受 取 手 形			
5,000,000	3,000,000	2,000,000	売 　掛 　金		1,850,000	1,850,000
1,000,000	1,000,000		貸 　付 　金		1,000,000	1,000,000
1,260,000	1,010,000	250,000	備　　　　品			
			支 払 手 形		1,500,000	1,500,000
1,500,000	1,500,000		買 　掛 　金	1,500,000	1,000,000	2,500,000
			未 　払 　金		1,000,000	1,000,000
			借 　入 　金	700,000		700,000
			預 　り 　金		20,000	20,000
250,000	250,000		仮 　受 　金		250,000	250,000
			資 　本 　金	5,100,000		5,100,000
			繰越利益剰余金	800,000		800,000
100,000	100,000		売　　　　上		4,500,000	4,500,000
			受 取 利 息		50,000	50,000
1,200,000	1,200,000		仕 　　　入			
200,000	200,000		給 　　　料			
100,000	100,000		発 　送 　費			
20,760,000	12,660,000	8,100,000		8,100,000	12,660,000	20,760,000

試算表の完成
アタック⑧

先ほど作成した合計試算表から合計残高試算表を作成してみよう

合 計 残 高 試 算 表

借方残高	借方合計	勘定科目	貸方合計	貸方残高
	7,400,000	現　　　　金	1,390,000	
	1,250,000	当 座 預 金	100,000	
	1,500,000	受 取 手 形		
	5,000,000	売 　掛　 金	1,850,000	
	1,000,000	貸 　付　 金	1,000,000	
	1,260,000	備　　　　品		
		支 払 手 形	1,500,000	
	1,500,000	買 　掛　 金	2,500,000	
		未 　払　 金	1,000,000	
		借 　入　 金	700,000	
		預 　り　 金	20,000	
	250,000	仮 　受　 金	250,000	
		資 　本　 金	5,100,000	
		繰越利益剰余金	800,000	
	100,000	売　　　　上	4,500,000	
		受 取 利 息	50,000	
	1,200,000	仕　　　　入		
	200,000	給　　　　料		
	100,000	発 　送　 費		
	20,760,000		20,760,000	

解答

合 計 残 高 試 算 表

借方残高	借方合計	勘定科目	貸方合計	貸方残高
6,010,000	7,400,000	現　　　　金	1,390,000	
1,150,000	1,250,000	当 座 預 金	100,000	
1,500,000	1,500,000	受 取 手 形		
3,150,000	5,000,000	売 　掛　 金	1,850,000	
	1,000,000	貸 　付　 金	1,000,000	
1,260,000	1,260,000	備　　　　品		
		支 払 手 形	1,500,000	1,500,000
	1,500,000	買 　掛　 金	2,500,000	1,000,000
		未 　払　 金	1,000,000	1,000,000
		借 　入　 金	700,000	700,000
		預 　り　 金	20,000	20,000
	250,000	仮 　受　 金	250,000	0
		資 　本　 金	5,100,000	5,100,000
		繰越利益剰余金	800,000	800,000
	100,000	売　　　　上	4,500,000	4,400,000
		受 取 利 息	50,000	50,000
1,200,000	1,200,000	仕　　　　入		
200,000	200,000	給　　　　料		
100,000	100,000	発 　送　 費		
14,570,000	20,760,000		20,760,000	14,570,000

決算の手続

1年が過ぎ、1年間の会社の取引についてまとめるときがきました。この取引をまとめ、報告書を作成することを決算といいます。今回は、その決算について学習します。

まず、決算作業の仕訳について学習します。

次に、決算で行った仕訳を集計し、報告書を作成するためのチェックシートである精算表について学習します。

決算ってなに

Point

♤簿記では、期末に総勘定元帳の記録を整理し、帳簿を締め切り、損益計算書と貸借対照表を作成します。こうした一連の手続を決算といい、決算の行われる日を決算日といいます。

♤決算作業をはじめるにあたっては、決算整理前残高試算表が決算作業のスタートになります。

❶ 決算ってなに

簿記では、期中の日々の取引を仕訳帳に記入し、総勘定元帳に転記して各勘定の増減や発生を記録・計算します。しかし、この手続だけでは、会計期間ごとの経営成績や期末の財政状態を明らかにすることはできません。

このため、簿記では、期末に総勘定元帳の記録を整理し、帳簿を締め切り、損益計算書と貸借対照表を作成します。こうした一連の手続を決算といい、決算の行われる日を決算日といいます。

年間に何度か試算表を作成して、取引の内容をチェックしてきました。この中で、特に、これから説明する決算処理の前段階すなわち、1年間のすべての取引が記録された試算表は、期中の取引がすべて集計されている状態なので「決算整理前残高試算表」と呼ばれます。

決算作業をはじめるにあたっては、この「決算整理前残高試算表」が決算作業のスタートになります。

❷ 決算の流れは

決算作業は、図表62のようにさまざまな手続をして最終目標の決算書の作成を行います。

この決算の流れを概括的に把握するため、精算表というものを作成しながら、その集計過程をチェックしていきます。

【図表62　決算の流れ】

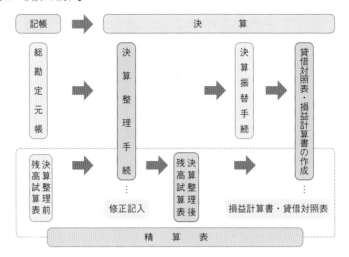

① 決算整理手続

　決算整理手続では、決算修正作業と決算整理作業の2つの作業を行います。

　決算修正作業とは、期中の取引の仕訳の誤りの修正などを行います。

　決算整理作業とは、いわゆる決算作業といわれるもので、正確な決算書を作成するための処理が行われます。

　決算整理手続のあとの試算表を決算整理後残高試算表といいます。

② 決算振替手続

　決算振替作業は、1年分のまとめとして総勘定元帳を締め切り、次年度に利用できるように準備するための仕訳を行う作業です。こちらの作業については、アタック12で詳述します。

③ 精算表の作成

　貸借対照表、損益計算書を作成するにあたり、上記の決算整理手続がきちんと集計されているかチェックするため作成する一覧表です。

　「決算整理前残高試算表」から始めて、「修正記入」を行い、「損益計算書」「貸借対照表」を作成します。各項目の合計が貸借一致していることを確認しながら作業を進めます。

決算整理手続ってなに

❶ 決算修正作業ってなんのこと

　期中の取引を集計して「決算整理前残高試算表」が作成されていますが、期中において行った仕訳について、誤り等を修正しなければならないことがあります。このことを本書では決算修正作業と呼びます。日商簿記3級では、図表63のような作業が行われます。

【図表63　決算修正作業の内容】

　これらの作業は、期中の取引の修正であり、決算作業の入り口である「決算整理前残高試算表」自体の修正に当たるものですから、決算作業の最初に行います。

　なお、これらの処理を過去にさかのぼって、仕訳を訂正することはできません。このため、決算において、修正をする場合は、決算日の日付で正しい処理へと修正されることになります。

a　未処理事項の追加仕訳

　取引はあったが、仕訳を忘れていたものについて、忘れていた取引の仕訳を行います。当然取引は行われていたことから、その仕訳を作成しなければなりません。

この修正は、取引の日付にかかわらず、決算日の日付で作成します。

<table>
<tr><td>取引</td><td>大阪商店より売掛金100,000円が当座預金に振り込まれていたが、記帳していなかった。</td></tr>
</table>

借　　　　方		貸　　　　方	
当　座　預　金	100,000	売　　掛　　金	100,000

b　間違った処理の修正仕訳

　取引の仕訳は行っているものの、勘定科目や金額を間違っていたものについて、さかのぼっての修正や訂正はできないため、正しいあるべき仕訳と実際に作成した仕訳の差額金額で仕訳を追加作成することで、正しい金額や勘定科目に修正します。この修正仕訳も決算日の日付で行うことになります。

　「商品5,200,000円を売り上げ、代金は掛けとした」ときの取引の仕訳は、次のようになりますが、

借　　　　方		貸　　　　方	
売　　掛　　金	5,200,000	売　　　　上	5,200,000

もし次のように処理していれば、

借　　　　方		貸　　　　方	
売　　掛　　金	2,500,000	売　　　　上	2,500,000

修正仕訳を行って修正しなければなりません。修正の方法は以下のステップで行います。

　まず、誤った仕訳の取り消しを行います。仕訳を取り消す（なかったものにする）ためには、誤った仕訳の反対仕訳（勘定科目の借方、貸方を入れ替える）を行います。

借　　　　方		貸　　　　方	
売　　　　上	2,500,000	売　　掛　　金	2,500,000

次に、正しい仕訳を行います。

借　　　　方		貸　　　　方	
売　　掛　　金	5,200,000	売　　　　上	5,200,000

　ここで2つの仕訳を1つの決算修正仕訳にします。1つの仕訳で同じ勘定科目が使われている場合には、相殺処理を行います。

決算の手続
アタック⑨

「売掛金」は、借方側に5,200,000円、貸方側に2,500,000円ありますので、相殺すれば、借方側に2,700,000円が残ります。また、「売上」は借方側に2,500,000円、貸方側に5,200,000円ありますので相殺すれば、貸方側に2,700,000円残ります。

よって、決算修正仕訳は、

借　　　方		貸　　　方	
売　　掛　　金	2,700,000	売　　　　　上	2,700,000

となります。

c　現金過不足の修正仕訳

期中において、金庫等に保管している現金（手元現金といいます）と「現金」の勘定科目の残高が一致しない場合があります。この場合、手元現金が実体をあらわしていることから、差額の仕訳処理を行って、「現金」の勘定科目の残高を手元現金の残高と一致させる処理を行います（さまざまな原因は考えられると思いますが、手元現金の残高が正しいのでその残高に合わせることになります）。

これらの状況をまとめると図表64のようになります。

■"一口メモ" 修正仕訳の考え方 ■■■

簿記では、仕訳の借方と貸方は同一の勘定科目で考えれば、プラス、マイナスの意味合いを持っています。この点は、アタック1でも説明しましたが、当該勘定科目が増加した場合はホームポジション側に記載し減少したらホームポジションの反対側に記載するといったルールを意味しています。

すなわち、その勘定科目を増加させたければ、言い換えればプラスする場合にはホームポジション側に記載し、減少させたければ、言い換えればマイナスする場合には、反対側に記載するからです。

このため、修正仕訳を起こす場合には、誤っているものから正しいものを引いてその金額がマイナスになっていれば、その勘定科目の借方側、貸方側を入れ替えることによって修正仕訳は簡単にできます。

【図表64　現金過不足の修正の流れ】

　「現金」の勘定科目を増減させる際に反対側の勘定科目は、「現金過不足」（調整するための仮の勘定科目で、決算時においては、必ず残高ゼロとなるように処理されます）で処理します。

　帳簿処理を行うための仮の勘定科目であることから「現金過不足」はどのグループにも所属しません。

【図表65　実際の現金と帳簿が一致しない場合の処理】
　　　　　実際に金庫に入っている現金と帳簿の現金が一致しないことがあります。

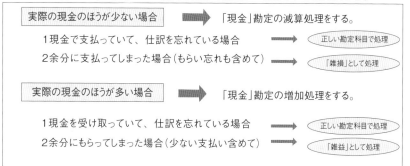

①　実際の現金のほうが少ない場合

　現金残高が帳簿の残高より少ないということは、何か支払いをしているが、その支払いについて仕訳を忘れているということを意味しています。

　このため、仮の費用を立てておくといった意味合いで、「現金過不足」という勘定科目を借方に立てます。

　当然、まだ費用が確定したわけではありませんので、この現金過不足は貸借対照表の勘定科目として処理されます。

| 取引 | 手元現金の実際残高10,000円で帳簿残高は15,000円であり、5,000円足りなかった。 |

借　　　方		貸　　　方	
現 金 過 不 足	5,000	現　　　　金	5,000

　この仕訳は、現金の現物に帳簿をあわせるために、今回の場合は現金を減少させるとともに、「現金過不足」を相手の勘定科目として計上しています。

　それをT勘定に記入すれば、次のようになります。

(a)　原因判明

| 取引 | 家賃4,000円の支払いを帳簿に記入していなかった。 |

借　　　方		貸　　　方	
支 払 家 賃	4,000	現 金 過 不 足	4,000

　本来、上記仕訳をきちんと行っていれば「現金」の勘定科目は減少しており、「現金過不足」は発生していなかったという点で「現金過不足」を減額させます。

(b)　決算時

| 取引 | 決算日になっても1,000円についての原因がわからなかった。 |

借　　　方		貸　　　方	
雑　　　　損	1,000	現 金 過 不 足	1,000

　もとを正せば、帳簿に記録されている残高より、実際の現金が少なかったわけですから、なんらかの費用（損失）があったというのは確かです。

　しかし、何にお金を使ったのかが判明しないままで、決算を終了するわけにいきませんので、「雑損」（費用）の勘定科目を利用して処理します。

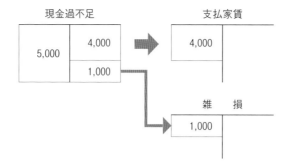

② 実際の現金のほうが多い場合

　現金残高が帳簿の残高より多いということは、何か受取をしているが、その受取りについて仕訳を忘れているということを意味しています。

　このため、仮の収益を立てておくといった意味合いで、「現金過不足」という勘定科目を貸方にたてます。

　当然まだ、収益が確定したわけではありませんので、この現金過不足は貸借対照表の勘定科目として処理されています。

[取引]　現金の実際残高16,000円で帳簿残高は10,000円であり、6,000円多かった。

借　　　方		貸　　　方	
現　　　　　金	6,000	現 金 過 不 足	6,000

(a)　原因判明

[取引]　現金での売上5,000円を帳簿に記入していなかった。

借　　　方		貸　　　方	
現 金 過 不 足	5,000	売　　　　　上	5,000

　本来、上記仕訳をきちんと行っていれば「現金」の勘定科目は増加しており、「現金過不足」は発生していなかったという点で「現金過不足」を減額させます。

(b) 決算時

取引　決算がきても1,000円についての原因がわからなかった。

借　　　方		貸　　　方	
現 金 過 不 足	1,000	雑　　　益	1,000

　もともと、帳簿の残高より実際の現金が多かったわけですから、なんらかの形でお金をもらっています。

　しかし、その原因がわかりませんので、「雑益」（収益）の勘定科目で処理します。

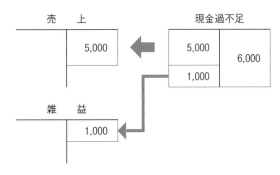

❷　仮払金、仮受金の適正処理仕訳

　アタック6で学んだ仮払金、仮受金の処理の後始末です。

　これらの勘定科目は、取引の詳細を後で正式な記録に変更する勘定科目で仮勘定といわれ、決算までには、取引の内容を把握して、正式な勘定科目へ振替を行うことになります。

　しかし、決算日までに当該振替を忘れていた場合に、その処理を行います。

取引　仮払金30,000円については、従業員の出張の際に渡したものであり本人からその精算として、旅費交通費に30,000円かかった旨の報告を受けていた。

借　　　方		貸　　　方	
旅 費 交 通 費	30,000	仮　払　金	30,000

3 決算整理作業ってどうやればいい

Point

♤１年間の総まとめとしての報告書を作成するために、各勘定科目の残高に修正を加えます。

♤日商簿記３級での決算整理作業は、図表66のとおりです。

❶ 決算整理作業ってなんのこと

損益計算書は当期の経営成績すなわち当期にどれだけ儲けたかについて報告するものであり、また、貸借対照表は、決算日の財政状態すなわちどんな財産を保有しているかを報告するものです。

そのためには、損益計算書に属する勘定科目については、当期に属する収益と当期に属する費用の残高で計算されなければなりません。これを適正な損益計算といいます。

会計期間中において取引は、受取金額や支払金額を基準に仕訳されていることから、決算整理手続の処理において、損益計算書に属する勘定科目については、その残高のうち当期に属するものと次期以降に属するものを分ける手続きを行います。

また、貸借対照表科目に属する勘定科目については、決算日現在の適正な残高を表示しなければなりません。

決算整理を通じて、各勘定科目の残高に修正を加えていきます。これらの処理を行うことによって当期の経営成績や財政状態をきちんと表すことができ、適正な決算書といえます。

実務上は、決算における処理については多種ありますが、日商簿記３級での決算整理作業は、図表66のとおりです。

決算整理作業における仕訳はパターン化されているものが多いので修正すべき金額をどのように算出するのかが重要です。

これらの作業は決算修正仕訳として、総勘定元帳にも反映させます。

【図表66　日商簿記3級での決算整理作業】

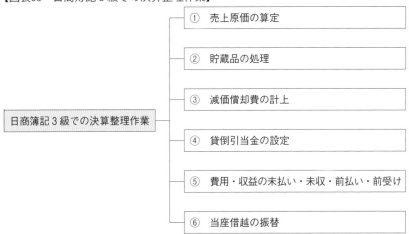

日商簿記3級での決算整理作業
- ① 売上原価の算定
- ② 貯蔵品の処理
- ③ 減価償却費の計上
- ④ 貸倒引当金の設定
- ⑤ 費用・収益の未払い・未収・前払い・前受け
- ⑥ 当座借越の振替

❷ 売上原価の算定ってなんのこと

　売上原価とは、販売された商品の仕入金額を示します。つまり、当期の売り上げた商品に対する原価であり当期の費用です。

　商品を仕入れた際には、「仕入」（費用）の勘定科目で処理されていますが、商品売買において、会計期間中に仕入れた商品がすべて販売されてしまうとは限りません。

　このため、「仕入」の勘定科目の中で、販売されずに残っている商品は次期以降の費用になります。

　また、当期の決算時に残っている商品は、財産としての価値があることから、貸借対照表にも計上しなければなりません。

　そこで、簿記では「繰越商品」（資産：次期以降に販売される予定の商品）の勘定科目を利用して次期以降の費用として、また、決算時の財産（期末商品たな卸高といいます）として計上するための決算整理仕訳をします。

　さらに、当期に販売した商品は、当期に仕入れたものばかりでなく、前期以前に仕入れ、前期の決算整理仕訳で「繰越商品」として当期に持ち越されているもの（期首商品たな卸高といいます）もあります。これらの「繰越商品」は当期の費用として計上するために、決算整理仕訳をします。

　これらの処理をまとめて、売上原価算定のための決算整理仕訳といいます。

このように売上原価は、当期仕入高（「仕入」の勘定科目の残高）から期
末商品棚卸高を控除して期首商品棚卸高（「繰越商品」の勘定科目の残高）
を足して計算されることになります。

> 売上原価＝当期仕入―期末商品棚卸高＋期首商品棚卸高

簿記では、この売上原価算定のための決算整理仕訳は、⑴「仕入」の勘
定科目を利用して仕訳する方法（簿記3級では「売上原価の算定は仕入の行
で行うこと」と指示されます）と⑵「売上原価」（費用）の勘定科目を利用
して仕訳する方法の2つがあります。

いずれの方法を用いても、売上原価の金額は変わりません。

【図表67　売上原価の算出方法】

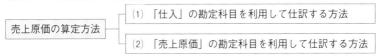

⑴　「仕入」の勘定科目を利用して仕訳する方法

この方法は、「仕入」（費用）の勘定科目が、費用をあらわす勘定科目であ
ることから、使う勘定科目をできるだけ少なくする目的から利用される方法
です。

> 取引　　期末商品棚卸高は、150,000円である。なお、売上原価の計算は「仕入」
> の行で行うこと（決算整理前残高試算表の「繰越商品」の残高は50,000
> 円である）。

借　　　　方		貸　　　　方	
繰　越　商　品	150,000	仕　　　　　　入	150,000

決算整理仕訳は、次の2つの仕訳を行うことになります。

まず、期末商品棚卸高の金額を「仕入」の勘定科目から減少させます。

これによって期末に残っている商品について、「繰越商品」（資産）を増加
させ「仕入」（費用）を減少させることになります。

次に、決算整理前残高試算表の「繰越商品」の勘定科目を減少させ、「仕
入」の勘定科目を増加させます。

決算の手続
アタック⑨

3　決算整理作業ってどうやればいい　191

借　　　　方		貸　　　　方	
仕　　　　　　入	50,000	繰　越　商　品	50,000

　仮に当期の仕入が1,000,000円だったとして、売上原価を計算してみると1,000,000円−150,000円＋50,000円で売上原価は900,000円になります。

　そこで上記の仕訳をＴ勘定に記載してみると以下のようになります。

繰　越　商　品	
50,000	50,000
150,000	

仕　　　　入	
1,000,000	150,000
50,000	900,000円

　「繰越商品」の残高は、借方合計（50,000円＋150,000円）から貸方合計（50,000円）を控除して150,000円となります。期末商品棚卸高の金額を示しています。

　また「仕入」の残高は、借方合計（1,000,000円＋50,000円）から貸方合計（150,000円）を控除して900,000円となります。売上原価の金額を示してます。

(2)　「売上原価」（費用）の勘定科目を利用して仕訳する方法

　この方法は、売上原価は売上に対する費用であり、その事実を明確にするために「売上原価」（費用）の勘定科目で表示することを目的としています。

　この処理を行うと「仕入」の勘定科目の残高はゼロになります。

　決算整理仕訳は、次の３つの仕訳を行うことになります。

取引　期末商品棚卸高は、150,000円である。なお、売上原価の計算は「売上原価」の行で行うこと（決算整理前残高試算表の「仕入」の残高は1,000,000円であり「繰越商品」の残高は50,000円である）。

　まず、当期の仕入額を売上原価に振り替えます。単に勘定科目を変更するだけでもとの勘定科目を減少させ、新たな勘定科目を増加させるために仕訳を行います。これを簿記では、振替といいます。

借　　　　方		貸　　　　方	
売　上　原　価	1,000,000	仕　　　　　　入	1,000,000

次に、前期から繰り越されている商品を売上原価に振り替えます。

借　　　　方		貸　　　　方	
売　上　原　価	50,000	繰　越　商　品	50,000

　この仕訳が終了した段階で、販売できる商品の金額がすべて「売上原価」の勘定科目に集計されたことになります。

　そして最後に、期末商品棚卸高を「繰越商品」の勘定科目に振替ます。

借　　　　方		貸　　　　方	
繰　越　商　品	150,000	売　上　原　価	150,000

　上記の仕訳をＴ勘定に記載してみると、次のようになります。

繰越商品		仕入		売上原価	
50,000	50,000	1,000,000	1,000,000	1,000,000	150,000
150,000				50,000	

　「繰越商品」の残高は、借方合計（50,000円＋150,000円）から貸方合計（50,000円）を控除して150,000円となります。期末商品棚卸高の金額を示しています。

　「仕入」の残高は、借方合計1,000,000円から貸方合計1,000,000円を控除して残高は０円となります。

　また「売上原価」の残高は、借方合計（1,000,000円＋50,000円）から貸方合計（150,000円）を控除して900,000円となります。売上原価の金額を示してます。

　簿記の問題において「仕入」の勘定科目を利用するか「売上原価」の勘定科目を利用するかについては、定めはありません。そのためどちらを利用するかは、問題文に明示されている場合もありますが、明示されていない場合は、精算表等の勘定科目に「売上原価」の勘定科目があるかで判断します。

❸ 貯蔵品の処理

　貯蔵品とは、ボールペン等の事務用品や切手・収入印紙などの主に社内で使用されるもののうち、使ってなくなってしまう少額のものをいいます。これらは、使用する都度、購入することもありますが、まとめて購入する場合もあります。期中に購入したものをすべて使いきってしまえばよいのですが、決算日に未使用のものがある場合もあります。この場合には、商品のときと同じように、使用分は当期の費用とし、未使用分は次期以降の費用とするために分ける必要があります。未使用分は財産として貸借対照表に「貯蔵品」（資産）として計上しなければなりません。

　そのために決算整理仕訳を行います。

　貯蔵品の購入取引については、仕訳処理として期中に(1)貯蔵品の内容に応じた費用の勘定科目（図表68）を使って計上する方法と(2)「貯蔵品」（資産）の勘定科目を使って処理する方法があります（図表69）。

【図表68　主な貯蔵品の費用科目】

貯蔵品の内容	勘定科目
ボールペン等の事務用品	消耗品費
はがき、切手	通信費
収入印紙	租税公課

【図表69　貯蔵品の期中処理】

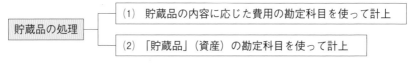

　あくまでも会社内部での処理の方法が違うだけで、会社の取引の事実は1つしかありませんので、結果としての決算書はどちらの処理をしても同じになります。つまり期中の処理の違いによって、決算整理仕訳が異なってくるのです。

　どちらを使っているかについては、指示がない場合もあります。指示がない場合は、試算表や精算表の状況から判断し、決算整理作業をするしかありません。

ここでは、(1)期中に費用の勘定科目を利用して処理している場合と（2）期中に「貯蔵品」（資産）の勘定科目を利用して処理している場合にわけて、期中処理から決算整理仕訳までを解説したいと思います。仕訳とＴ字フォームの動きに注意して処理を確認してください。

　期中の貯蔵品に関する取引が次のような状況だったとします。

> 期中に購入した収入印紙は 100,000 円だった。
> 決算日に収入印紙を棚卸した結果、期末使わずに残っていた収入印紙は 3,000 円だった。
> 期首に残っていた（前期から繰り越された）収入印紙は 5,000 円だった。

(1)　期中に費用の勘定科目を利用して処理している場合

a　購入時の仕訳

　収入印紙を100,000円購入し現金で支払った。

借　　方		貸　　方	
租　税　公　課	100,000	現　　　　金	100,000

　期中において、この取引だけだったとして、決算整理前試算表の状況をＴ字フォームで表せば次のようになります。（必要な勘定科目のみ表示しています）

b　決算時の処理（決算整理仕訳）

　仕入の項目で売上原価を求めたときと同じ処理になります。

①　期首の残高5,000円を、「租税公課」（費用）に振り替えます。

借　　方		貸　　方	
租　税　公　課	5,000	貯　　蔵　　品	5,000

②　期末の残高3,000円を「貯蔵品」（資産）に振り替えます。

借　　方		貸　　方	
貯　　蔵　　品	3,000	租　税　公　課	3,000

前期から繰り越された収入印紙5,000円は、「貯蔵品」（資産）の勘定科目を減少させ、「租税公課」（費用）に振り替えます。そして、期末に使わずに残っていた収入印紙3,000円は「租税公課」（費用）から「貯蔵品」（資産）に振り替えます。

　その結果「貯蔵品」（資産）の勘定科目の残高は、借方合計（5,000円＋3,000円）から貸方合計（5,000円）を控除して3,000円となります。また、「租税公課」（費用）の勘定科目の残高は、借方合計（100,000円＋5,000円）から貸方合計（3,000円）を控除して102,000円となります。

⑵　期中に「貯蔵品」（資産）の勘定科目を利用して処理している場合

a　貯蔵品の購入時の仕訳

[取引]　収入印紙を100,000円購入し現金で支払った。

借　　　　　方		貸　　　　　方	
貯　蔵　品	100,000	現　　　金	100,000

b　決算時の処理（決算整理仕訳）

　期中において「貯蔵品」（資産）の勘定科目で処理していることから、「租税公課」（費用）の勘定科目の残高はありません。使った分だけを、「租税公課」（費用）に振り替えます。

[取引]　使った分は、前期より繰越分5,000円と期中購入分100,000円から期末に残っている分3,000円を控除して102,000円になります。

借　　　　　方		貸　　　　　方	
租　税　公　課	102,000	貯　蔵　品	102,000

　決算整理前の状況においては、期中に費用処理をした場合は、「貯蔵品」（資産）と「租税公課」（費用）の両方に、資産処理をした場合には、「貯蔵品」（資産）のみに計上されています。

　当期に使った分を「租税公課」（費用）に振り替えることにより、「租税公課」（費用）の残高は102,000円となり、「貯蔵品」（資産）の残高は、借方合計（5,000円 +100,000円）から貸方合計102,000円を控除して3,000円となります。

このように、貯蔵品の期中の処理はちがったとしても、決算整理仕訳を行った後の残高は、どちらの処理をしても「貯蔵品」（資産）3,000円、「租税公課」（費用）102,000円となります。

この違いを判断するためには、決算整理前残高試算表（期中処理のみが済んだ状態）において、次の2つの点で検討します。

⑴　期中に「租税公課」（費用）の勘定科目を利用して処理した場合は、「租税公課」（費用）の勘定科目に残高があります。

⑵　期中に「貯蔵品」（資産）の勘定科目を利用して処理した場合は、「租税公課」（費用）の勘定科目の残高はありません。

どちらの処理を行ったか指示がない場合は、決算整理前残高試算表に「租税公課」の勘定科目があるかどうかで、会社はどちらの処理を行ったかについて判断することになります。

❹　減価償却費の計上

アタック5で解説したように、備品等は長く使う分だけ、古くなります。簿記では、その分を減額することになります。

この手続を減価償却といい、毎期決算時に持っている固定資産に対して、「減価償却費」（費用）の勘定科目を使って処理します。具体的な計算方法は、113ページを参照してください。

❺　貸倒引当金の設定

当期に信用取引で販売し、次期以降に回収期日が到来する売掛金や受取手形等の債権は回収できるか否かについて判明するのは、次期以降になります。

このため、当期では、貸倒損失の費用を計上することはできません。しかし、今までの経験（則）から、期末に残っている売掛金や受取手形等の債権のうちの一部が回収できないとわかっている場合には、決算日時点の売掛金や受取手形について、将来どのくらいの割合で貸し倒れる可能性があるかを見積もって貸倒れに備えた金額を「貸倒引当金」（資産のマイナス）の勘定科目を利用して、あらかじめ債権の残高を減額します。

しかし、実際には貸倒れが発生しているわけではありませんので、債権の

残高はそのままにして、「貸倒引当金」という資産の控除科目でその金額を計上することで、実質的に「売掛金」や「受取手形」等の債権の残高を減少させておきます。

　これは、減価償却を行うことによって、有形固定資産の残高を減少させる場合に用いた「減価償却累計額」の勘定科目を利用した場合と同じ処理になります。

　「貸倒引当金」は、売掛金や受取手形等の債権を実質上、評価し減少させておくという意味から「減価償却累計額」とともに資産の評価勘定といわれています。

　どのくらい評価を減らしておくかについては、会社の過去の実績などを参考にして決定することになりますが、簿記では、期末の売上債権（売掛金と受取手形）等の残高の何％という形で貸倒設定率が、問題文で指示されます。

　なお、貸倒引当金の設定は、図表70のように計算します。

【図表70　貸倒引当金の繰入額の計算式】

貸倒引当金＝売上債権の期末残高×貸倒設定率

　貸例引当金の設定にあたっての決算整理仕訳においては借方は、「貸倒引当金繰入」（費用）の勘定科目で処理します。

通常は、過去にも貸倒引当金の計上を行っていることから、すでに、決算整理前残高試算表の「貸倒引当金」に残高があります。

　このため、決算では、残っている「貸倒引当金」と当期末時点で引き当てておかなければならない「貸倒引当金」の差額の金額を「貸倒引当金繰入」として処理します。この方法を差額補充法といいます。

取引　決算日において、売掛金の期末残高1,000,000円について、4％の貸倒引当金を見積もる。なお、貸倒引当金の残高は20,000円である。

借　　方		貸　　方	
貸倒引当金繰入	20,000	貸　倒　引　当　金	20,000

　貸倒引当金の残高が20,000円あることから、40,000円－20,000円の20,000円の「貸倒引当金繰入」を行います。

　なお、貸倒引当金が多すぎる場合には「貸倒引当金戻入」（収益）の勘定

科目を利用して「貸倒引当金」を減少させます。

取引 貸倒引当金残高60,000円に対して貸倒予想額が20,000円であった。

借　　　　方		貸　　　　方	
貸 倒 引 当 金	40,000	貸倒引当金戻入	40,000

　貸倒引当金の決算整理仕訳の方法には洗替法という方法もありますが、こちらの処理は日商簿記2級以降で学習します。

❻　費用収益の未払い・未収・前払い・前受け

　費用収益の未払い・未収・前払い・前受け計上とは、1年間の損益を確定するために、費用収益の各勘定科目の残高を当期負担すべき費用または当期に計上すべき収益のみにする作業をいいます。

　いわば、費用・収益の未払い・未収・前払い・前受計上とは、1年間の損益を確定するために、当期の損益に影響させる金額と次期の損益に影響させる金額を分ける作業をいいます。

　勘定科目としては、図表71の科目が使用されます。

【図表71　費用・収益の未払い・未収・前払い・前受け計上】

	費　　用	収　　益	
前払い・前受け計上	前払○○（資産）	前受○○（負債）	←前にもらっている
未払い・未収計上	未払○○（負債）	未収○○（資産）	←未だもらっていない

　図表71の○○には、具体的に収益グループや費用グループの勘定科目が入ります。

　また上記の勘定科目は貸借対照表の（　）内の区分に計上されます。

⑴　費用・収益の前払い・前受け計上

　前払い・前受け計上は、例えば、当期に支払った「支払保険料」（費用）が、支払時から決算をまたいで1年分を支払ったり、当期に受け取った「受取家賃」（収益）が、決算後の分までもらっていることがあります。

　決算日以降の費用や収益は、当期の損益計算書に計上するものではなく、

次期へ繰り越され、次期の損益計算書に計上されるものです（図表72、73）。

　このため、いったんこれらの収益や費用の次期以降の分は、前払い、前受けとして決算上、費用、収益から貸借対照表に振り替えられ、次期にもう一度、次期の費用、収益として、再振替されます。

【図表72　費用の場合】

取引　10／１に保険料１年分を先に支払った場合（年間保険料12,000円）
　　　12／31（決算日）に行う仕訳

借　　　　方		貸　　　　方	
前 払 保 険 料	9,000	支 払 保 険 料	9,000

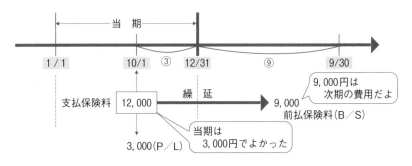

【図表73　収益の場合】

取引　10／1に１年分の貸付金の利息を先に受け取った場合（年間利息12,000円）
　　　12／31（決算日）に行う仕訳

借　　　　方		貸　　　　方	
受 取 利 息	9,000	前 受 利 息	9,000

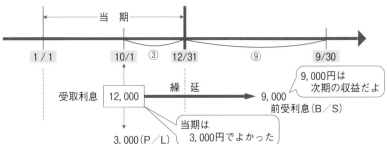

⑵　費用・収益の未払い、未収計上

　例えば、当期にお金を借り、次期に返済することになっていた場合、利息は返済時に一括して支払うようなケースのときは、通常、支払時に「支払利息」（費用）が計上されます。

　しかし、利息は、借りたときから発生しているので、当期にお金を借りていれば、当期の分の支払利息は当期の費用として計上する必要があります。

　このため、決算処理においては、まだ支払っていない費用を将来に支払うので、それを未払費用として、計上することになります（図表74）。

　反対に、お金を貸付け、次期に利息とともに貸付金を回収することになっていた場合、通常、回収時に「受取利息」（収益）が計上されます。

　しかし、利息は、貸し付けたときから発生しているため、当期の分の受取利息は当期の収益として計上しなければなりません。

　このため、決算処理においては、将来受け取る収益があるので、それを未収収益として、計上することになります（図表75）。

　こうして未払い、もしくは、未収計上されたものは、貸借対照表に計上され、次期に再振替仕訳を行うことにより、次期の費用（収益）から控除されることになります。

【図表74　費用の場合】

取引　期中から１年分の借入金の利息を返済時に支払う場合（年間12,000円）
　　　12／31（決算日）に行う仕訳

借　　　　方		貸　　　　方	
支　払　利　息	3,000	未　払　利　息	3,000

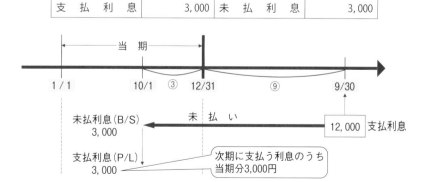

【図表75 収益の場合】

取引　期中に発生した貸付金の1年分の利息を返済時に受け取る場合（年間利息12,000円）
12／31（決算日）に行う仕訳

借　　　方		貸　　　方	
未　収　利　息	3,000	受　取　利　息	3,000

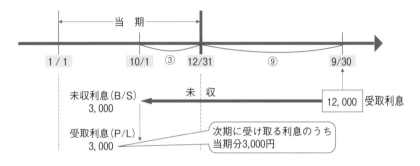

❼　再振替仕訳ってなんのこと

①　再振替仕訳とは

　費用収益の未払い・未収計上および前払い・前受け計上は、あくまでも、決算書を作成するために、会計期間の損益を確定するために、決算処理として仕訳を行っただけです。

　会社は、永続的に動いていることから、決算書を作成するために、会計期間を動かした費用収益の未払い・未収計上および前払い・前受け計上の処理は、なかったものとして処理を行います。

　これらの処理を再振替処理といい再振替仕訳を行います。通常はこの再振替処理は、次の期の期首日で仕訳処理として行われます。

　例えば、支払保険料9,000円を繰延計上した場合、決算処理では、次のように処理しています。

借　　　方		貸　　　方	
前　払　保　険　料	9,000	支　払　保　険　料	9,000

　これを、次期の期首に、

借 方		貸 方	
支 払 保 険 料	9,000	前 払 保 険 料	9,000

と仕訳をします。この仕訳が再振替仕訳といわれています。

　当然、保険料の9,000円分は、次期に支払いはありませんが、その保険料は、次期の分なので、次期の費用として計上されていなければならないはずです。

　ですから、決算で次期の費用としたものを忘れないように、次期の期首に費用として計上しておくのです。

② 再振替仕訳のしくみをつかった問題の解き方

　例えば、「決算整理前残高試算表に15,000円の支払保険料が計上されていたとして、毎年同額を4月1日に12か月分支払っている（12月決算）」といった場合を考えてみましょう。

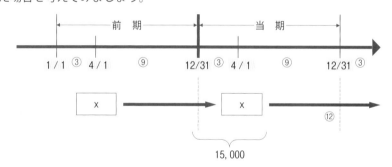

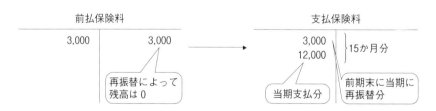

　毎年同額と記載されていることが多くこの場合は、毎年同額の繰延処理をしていることになります。

　では、いくらの繰延処理をしているのかを考えます。

上記の例の場合は、4月1日に毎年同額支払っているということは、毎年3か月分の金額相当額を再振替仕訳されていることになります。

すなわち、前期から繰り越された3か月と支払った12か月分の合計15ヶ月分の計上額が、15,000円ということになります。

期首に再振替された分と当期に支払った分の15,000円の残高になっています。

この金額は、前期から振り替えられた3か月分と当期支払いの12か月分の15か月分の15,000円が計上されていることになります。

よって決算において決算修正仕訳で3か月分を繰り越すためには、15,000円÷15か月×3か月＝3,000円を繰り越すことになります。

「毎期（年）同額を支払っている」という文言で、引っかける問題も出題されますので注意が必要です。

❽ 当座借越の振替

アタック2で解説したように、銀行と「当座借越契約」を結んでいれば、当座預金の残高不足した場合、一時的に銀行が限度額まで立替払いしてくれます。銀行に立替払いしてもらった後、決算日までに銀行に返済できなかった場合、立替分は銀行からの借入と同様であるため、貸借対照表に「当座借越」もしくは「借入金」として計上しなければなりません。

そこで、当座預金の貸方残高を借入金に振り返る決算整理仕訳を行います。

取引　決算にあたり、当座預金口座が当座借越67,000円の状態となっているので、適切な勘定に振り替える。なお、当社は当座借越勘定を用いていない。

借　　　　方		貸　　　　方	
当 座 預 金	67,000	借 入 金	67,000

（注）問題文に当座借越勘定が指定されている場合は、貸方は「借入金」ではなく「当座借越」を使用しても問題ありません。

精算表ってなに・その役目は

Point

♤精算表とは、損益計算書や貸借対照表を作成する前に、決算の見通しをつけるために作成する表です。

♤各勘定科目の数値がきちんと整理・仕訳されているかチェックをしながら進めるための、チェックシートのようなものです。

❶ 精算表ってなんのこと

精算表とは、損益計算書や貸借対照表を作成する前に、決算の見通しをつけるために作成する表です。

各勘定科目の数値がきちんと整理・仕訳されているかチェックをしながら進めるためのチェックシートのようなものです。

❷ 8桁精算表ってなんのこと

精算表は、「残高試算表」、「修正記入」、「損益計算書」、「貸借対照表」欄が設けられる方式が一般的です。それぞれの項目に貸借の欄があるため、この精算表を8けた精算表と呼びます。

このうち「修正記入」欄には、勘定科目の中には仮勘定といって、簿記の最終目的の損益計算書や貸借対照表にそのまま記入できないものがあるので、その修正場所として使用されます。

【図表76　8けた精算表】　　　　　精算表

勘定科目		残高試算表		修正記入		損益計算書		貸借対照表	
		借方	貸方	借方	貸方	借方	貸方	借方	貸方

❸ 精算表のしくみは

精算表の「残高試算表」の欄には、決算整理前の残高試算表が記入されて

います。この決算整理前の残高試算表に対して、決算整理事項における仕訳を「修正記入」の欄に記入します（図表77）。

　その後、アタック１で学んだ５つのグループごとに、貸借対照表に記載されるグループは「貸借対照表」の欄に、損益計算書に記載されるグループには「損益計算書」の欄に「残高試算表」の金額に対して「修正記入」の金額を加減算して記入します。

① 　もともと左にあるもの（資産・費用）は、左は左で足し右を引く。左に載せる。

② 　もともと右にあるもの（負債・純資産・収益）は、右は右で足し左を引く。右に載せる。

　なお、最終的には各勘定科目は、ホームポジション側に金額が入ります。

【図表77　精算表のしくみ】

勘定科目	残高試算表		修正記入		損益計算書		貸借対照表	
	借方	貸方	借方	貸方	借方	貸方	借方	貸方
現　　　　金	資産		＋	－			資産	
当 座 預 金								
受 取 手 形								
売 　 掛 　 金								
売買目的有価証券								
繰 越 商 品								
建　　　　物								
支 払 手 形			－	＋				負債
買 　 掛 　 金								
借 　 入 　 金	負債							
貸 倒 引 当 金								
減価償却累計額								
資 　 本 　 金	純資産		－	＋				純資産
売　　　　上	収益		－	＋		収益		
受 取 利 息								
仕 　 　 　 入	費用		＋	－	費用			
給 　 　 　 料								
消 耗 品 費								
支 払 保 険 料								
支 払 利 息								

精算表って どう作成すればいい

Point

♤精算表は、いくつかのステップを踏んで、作成されます

❶ 精算表の作成ステップ

精算表の作成は、次のステップを踏んで作成されます。

ステップ1 決算整理事項のうち、未処理事項について仕訳を行い、修正記入欄に記入する。

決算整理前の残高試算表は日々の取引を積み上げてきたものです。しかし、その取引が間違っていたり、抜けている場合があります。

この処理は決算整理処理に入る前に修正しておきます。

ステップ2 期末整理事項について決算整理仕訳を行い、修正記入欄に記入する。

その際、残高試算表で使用されていない勘定科目については、残高試算表の勘定科目の下に随時勘定科目を追加します。

なお、簿記3級では、概ねの勘定科目はすでに記載されていることが多く、（ ）書きの場合はその（ ）に必要な言葉を記入します。

ステップ3 修正記入欄の合計を計算し、貸借の金額が合致していることを確認する。

ステップ4 P206の精算表の記入方法に従って、「貸借対照表」「損益計算書」の数値を計算する。

ステップ5 損益計算書の貸方（収益）から借方（費用）を控除してその差額を記載する。この記載後損益計算書の合計を記入し、貸借が合致していることを確認する。

ステップ6 差引の金額が借方に記入（収益−費用がプラス）の場合は勘定

科目は当期純利益となり貸方（収益—費用がマイナス）の場合は勘定科目は当期純損失となります。

ステップ7　ステップ6の差額の金額がプラスの場合は「貸借対照表」の欄の貸方に、マイナスの場合には借方に記入する（図表78参照）。

【図表78　当期純利益 or 当期純損失】

当期純利益の場合

勘定科目	残高試算表		修正記入		損益計算書		貸借対照表	
	借方	貸方	借方	貸方	借方	貸方	借方	貸方
⋮								
当期純利益					×××			×××

当期純損失の場合

勘定科目	残高試算表		修正記入		損益計算書		貸借対照表	
	借方	貸方	借方	貸方	借方	貸方	借方	貸方
⋮								
当期純損失						×××	×××	

ステップ8　貸借対照表の合計を計算し貸借が合致していることを確認する。

一口メモ　精算表の問題を解くには

　日商簿記検定の3級の第5問では、精算表の問題が多く出題されています。この第5問の配点は20点から30点あり、合格するためには取っておきたいものです。処理内容的には、ある程度パターンがありますが、ある程度処理を済ませなければ解答用紙に記入することができず、時間制限の中であせってしまうこともあります。

　しかし、第5問では、すべてを正解して点数をもらうのではなく、10か所から15か所程度の採点ポイントがあります（当然、問題分には、明示されていませんが）。このため、少しずつ問題を解きながら精算表を埋めておくことも点数に結びつきます。場合によっては、数値を移すだけの場所にも配点されていることがあります。

　少しでも、点を取る気持ちで落ち着いて挑みましょう。

❷ 精算表を作成してみよう

　ここでは、通常出題される精算表の問題を利用しながら、作成の方法を学習します。

　精算表を解く際には、問題文だけでなく、解答用紙に記載されている数値や勘定科目にも注目して処理する必要があります。言い換えれば、解答用紙も問題の一部であるという認識で解いてみてください。

　未記帳事項や期末整理事項については、1つずつ確実に仕訳を行ってください。

　それでは、①の精算表作成のステップを参考にしながら実際の精算表の問題を解いてみましょう。

決算の手続
アタック⑨

問題

　次に示した、⑴決算日までに判明した未記帳事項、および⑵期末整理事項にもとづいて、答案用紙の精算表を作成しなさい。

　なお、会計期間は令和2年1月1日から12月31日までの1年間である。

⑴　決算日までに判明した未記帳事項

①　携帯電話の代金5,000円が当座預金から引き落とされていたが、連絡がなかったため、未処理であった。

②　奈良商店へ買掛金250,000円の支払いをした際に間違って次のように処理をしていたことが判明した。

借	方		貸	方	
買　掛　金	520,000	当　座　預　金			520,000

③　現金過不足10,000円につき、旅費交通費6,500円を現金で支払っていたが、未処理であったことが判明した。それ以外については、判明しないため、雑損に振り替えることとした。

④　仮払金30,000円については、従業員が出張の際に渡したものであり、本人からその精算として、旅費交通費として、30,000円かかった旨の報告を受けたので処理をする。

(2) 期末整理事項

① 期末商品の棚卸高は150,000円である。なお、売上原価計算は「仕入」の行で行うこと。

② 事務用品の期末未消費高は30,000円である。

③ 建物および備品については定額法により減価償却を行う。

　　建　　物　　耐用年数　20年　　残存価額：ゼロ

　　備　　品　　耐用年数　 5年　　残存価額：ゼロ

④ 受取手形および売掛金の期末残高に対して3％の貸倒れを見積もる。引当金の設定は差額補充法による。

⑤ 支払家賃の240,000円は令和2年10月1日に向こう1年分を支払ったものである。

⑥ 受取家賃は、所有する建物の一部の賃貸によるもので、令和2年2月1日に1年分を受け取っている。

⑦ 貸付金は、令和2年8月1日にアメリカ商店に貸付期間1年、年利率5％の条件で貸し付けたもので、利息は元金とともに返済時に受け取ることになっている。

⑧ 借入金は、令和2年11月1日に、令和3年4月30日に返済予定で銀行から借りたもので、利息6,000円は、元金の返済時に同時に支払うことになっている。

⑨ 保険料は、全額建物に対する火災保険料で、毎年同額を5月1日に12か月分として支払っている。

解答用紙

精 算 表

勘定科目	残高試算表 借方	残高試算表 貸方	修正記入 借方	修正記入 貸方	損益計算書 借方	損益計算書 貸方	貸借対照表 借方	貸借対照表 貸方
現　　　　金	1,655,500							
現 金 過 不 足	10,000							
当 座 預 金	2,985,000							
受 取 手 形	750,000							
売 　掛　 金	450,000							
有 価 証 券	987,000							
繰 越 商 品	50,000							
仮 　払　 金	30,000							
貸 　付　 金	120,000							
建　　　　物	1,800,000							
備　　　　品	360,000							
支 払 手 形		180,000						
買 　掛　 金		330,000						
未 　払　 金		431,750						
借 　入　 金		600,000						
貸 倒 引 当 金		4,000						
建物減価償却累計額		90,000						
備品減価償却累計額		72,000						
資 　本　 金		5,000,000						
売 　　　上		9,821,000						
受 取 家 賃		720,000						
受 取 利 息		16,500						
仕 　　　入	6,743,000							
給 　　　料	630,000							
通 　信　 費	93,000							
旅 費 交 通 費	83,250							
消 耗 品 費	150,000							
支 払 家 賃	240,000							
支 払 保 険 料	96,000							
支 払 利 息	10,000							
雑 　　　損	22,500							
	17,265,250	17,265,250						
貯 蔵 品								
減 価 償 却 費								
貸倒引当金（　　）								
（　　）家 賃								
（　　）家 賃								
（　　）利 息								
（　　）利 息								
（　　）保険料								
当 期 純（　　）								

解答

精　算　表

勘定科目	残高試算表 借方	残高試算表 貸方	修正記入 借方	修正記入 貸方	損益計算書 借方	損益計算書 貸方	貸借対照表 借方	貸借対照表 貸方
現　　　　金	1,655,500						1,655,500	
現 金 過 不 足	10,000			10,000				
当 座 預 金	2,985,000		270,000	5,000			3,250,000	
受 取 手 形	750,000						750,000	
売 　 掛 　 金	450,000						450,000	
有 価 証 券	987,000						987,000	
繰 越 商 品	50,000		150,000	50,000			150,000	
仮 　 払 　 金	30,000			30,000				
貸 　 付 　 金	120,000						120,000	
建 　 　 　 物	1,800,000						1,800,000	
備 　 　 　 品	360,000						360,000	
支 払 手 形		180,000						180,000
買 　 掛 　 金		330,000		270,000				600,000
未 　 払 　 金		431,750						431,750
借 　 入 　 金		600,000						600,000
貸 倒 引 当 金		4,000		32,000				36,000
建物減価償却累計額		90,000		90,000				180,000
備品減価償却累計額		72,000		72,000				144,000
資 　 本 　 金		5,000,000						5,000,000
売 　 　 　 上		9,821,000				9,821,000		
受 取 家 賃		720,000	60,000			660,000		
受 取 利 息		16,500		2,500		19,000		
仕 　 　 　 入	6,743,000		50,000	150,000	6,643,000			
給 　 　 　 料	630,000				630,000			
通 　 信 　 費	93,000		5,000		98,000			
旅 費 交 通 費	83,250		36,500		119,750			
消 耗 品 費	150,000			30,000	120,000			
支 払 家 賃	240,000			180,000	60,000			
支 払 保 険 料	96,000			24,000	72,000			
支 払 利 息	10,000		2,000		12,000			
雑 　 　 　 損	22,500		3,500		26,000			
	17,265,250	17,265,250						
貯 　 蔵 　 品			30,000				30,000	
減 価 償 却 費			162,000		162,000			
貸倒引当金(繰入)			32,000		32,000			
（前払）家賃			180,000				180,000	
（前受）家賃				60,000				60,000
（未収）利息			2,500				2,500	
（未払）利息				2,000				2,000
（前払）保険料			24,000				24,000	
当期純（利益）					2,525,250			2,525,250
			1,007,500	1,007,500	10,500,000	10,500,000	9,759,000	9,759,000

解説

(1) 期日までに判明した未記帳事項

① 携帯電話の代金5,000円が当座預金から引き落とされていたが、連絡がなかっ
たため、未処理であった。

　取引の仕訳が単純に抜けていたので、その仕訳を行います。

決算修正仕訳

借　　　　方		貸　　　　方	
通　信　費	5,000	当　座　預　金	5,000

精算表の記入

勘定科目	残高試算表		修正記入		損益計算書		貸借対照表	
	借方	貸方	借方	貸方	借方	貸方	借方	貸方
当　座　預　金	2,985,000			5,000				
通　信　費	93,000		5,000		98,000			

　決算修正仕訳は、修正記入の該当科目の欄に記載します。当座預金の貸借対照表の欄は
次の修正もあるので、記載しません。

② 奈良商店へ買掛金250,000円の支払いをした際に間違って処理をしていたこと
が判明した。

借　　　　方		貸　　　　方	
買　　掛　　金	520,000	当　座　預　金	520,000

　この問題は、誤処理を正式な仕訳に直すというもので、考え方は正しい仕訳を考え、そ
の仕訳と実際に行っていた仕訳の差額を決算修正仕訳とします。
　正しい仕訳は次のようになり、上記の問題の仕訳との差額を求めます。

借　　　　方		貸　　　　方	
買　　掛　　金	250,000	当　座　預　金	250,000

決算修正仕訳

借　　　　方		貸　　　　方	
当　座　預　金	270,000	買　　掛　　金	270,000

精算表の記入

勘定科目	残高試算表		修正記入		損益計算書		貸借対照表	
	借方	貸方	借方	貸方	借方	貸方	借方	貸方
当　座　預　金	2,985,000		270,000	5,000			3,250,000	
買　　掛　　金		330,000		270,000				600,000

③ 現金過不足10,000円につき、旅費交通費6,500円を現金で支払っていたが、未処理であったことが判明した。それ以外については、判明しないため、雑損に振り替えることとした。

現金過不足は、現金と実際の帳簿が異なっていたときに、一時的に仕訳を行っています。この問題からすれば、期中に以下の仕訳が行われていると想定できます。

かつて発生していた	借　　　方		貸　　　方	
	現 金 過 不 足	10,000	現　　　金	10,000

内容が判明した分は、費用（収益）に振り替え、残額は、「雑損」の勘定科目で処理します。

決算修正仕訳

借　　　方		貸　　　方	
旅 費 交 通 費	6,500	現 金 過 不 足	10,000
雑　　　　　損	3,500		

精算表の記入

勘定科目	残高試算表		修正記入		損益計算書		貸借対照表	
	借方	貸方	借方	貸方	借方	貸方	借方	貸方
現 金 過 不 足	10,000			10,000			0	
旅 費 交 通 費	83,250		6,500					
雑　　　　　損	22,500		3,500		26,000			

この処理は、現金過不足の勘定科目をゼロにするための修正仕訳であることから、修正仕訳のあとに現金過不足の欄はゼロになっています。旅費交通費は、次の④で修正仕訳があるので、空欄です。

④ 仮払金30,000円については、従業員が出張の際に渡したものであり、本人からその精算として、旅費交通費として、30,000円かかった旨の報告を受けたので処理をする。

期中に従業員が出張する際に現金を渡したときには、次の仕訳を行っています。

かつて発生していた	借　　　方		貸　　　方	
	仮　払　金	30,000	現　　　金	30,000

出張にかかった費用を計上するとともに、仮払金を減少させます。

決算修正仕訳

借　　　方		貸　　　方	
旅 費 交 通 費	30,000	仮　払　金	30,000

精算表の記入

勘定科目	残高試算表 借方	残高試算表 貸方	修正記入 借方	修正記入 貸方	損益計算書 借方	損益計算書 貸方	貸借対照表 借方	貸借対照表 貸方
仮 払 金	30,000			30,000			0	
旅 費 交 通 費	83,250		6,500 30,000		119,750			

　決算修正仕訳を行うことで、仮払金の残高はゼロになります。また旅費交通費の修正記入欄は合計して36,500円としても正解です。

(2) 期末整理事項

① 期末商品の棚卸高は150,000円である。なお、売上原価は「仕入」の行で計算する。

　期首商品の棚卸高は、試算表の「繰越商品」の欄より金額を把握します。また「仕入」の行を利用する点に注意します。

決算整理仕訳

借　方		貸　方	
仕　　　　入	50,000	繰 越 商 品	50,000
繰 越 商 品	150,000	仕　　　　入	150,000

精算表の記入

勘定科目	残高試算表 借方	残高試算表 貸方	修正記入 借方	修正記入 貸方	損益計算書 借方	損益計算書 貸方	貸借対照表 借方	貸借対照表 貸方
繰 越 商 品	50,000		150,000	50,000			150,000	
仕　　　　入	6,743,000		50,000	150,000	6,643,000			

② 事務用品の期末未消費高は30,000円である。

　残高試算表には、「消耗品費」のみのため、事務用品の購入を「費用」として処理したことがわかります。
　事務用品が期末に30,000円分残ったということなので、消耗品費を30,000円減らし、貯蔵品という資産を30,000円増やす処理をします。

決算整理仕訳

借　方		貸　方	
貯 蔵 品	30,000	消 耗 品 費	30,000

精算表の記入

勘定科目	残高試算表 借方	残高試算表 貸方	修正記入 借方	修正記入 貸方	損益計算書 借方	損益計算書 貸方	貸借対照表 借方	貸借対照表 貸方
消 耗 品 費	150,000			30,000	120,000			
貯 蔵 品			30,000				30,000	

「貯蔵品」は期中利用されていない勘定科目なので残高試算表の合計の下に記入します。

③　建物および備品については定額法により減価償却を行う。
　　建物　耐用年数　20年　残存価額　ゼロ
　　備品　耐用年数　5年　残存価額　ゼロ

　減価償却費の計算は公式により行います。残高試算表より、減価償却累計額があることから、間接法であることで処理します。
　建物は、$(1,800,000-0) \div 20 = 90,000$
　備品は、$(360,000-0) \div 5 = 72,000$

決算整理仕訳

借 方		貸 方	
減 価 償 却 費	162,000	建物減価償却累計額	90,000
		備品減価償却累計額	72,000

精算表の記入

勘定科目	残高試算表 借方	残高試算表 貸方	修正記入 借方	修正記入 貸方	損益計算書 借方	損益計算書 貸方	貸借対照表 借方	貸借対照表 貸方
建物減価償却累計額		90,000		90,000				180,000
備品減価償却累計額		72,000		72,000				144,000
減 価 償 却 費			162,000		162,000			

減価償却費は1行しかないので、建物分と備品の分を合算します。

④　決算において、受取手形および売掛金の期末残高について、3％の貸倒引当金を設定する。

　受取手形、売掛金の残高は試算表より判断します。
　$(750,000+450,000) \times 3\% = 36,000$（この金額が貸倒引当金の金額になります。）
　決算前の貸倒引当金の残高は4,000円であるので、差額分を計算します。
　$36,000-4,000 = 32,000$

決算整理仕訳

借 方		貸 方	
貸倒引当金繰入	32,000	貸 倒 引 当 金	32,000

精算表の記入

勘定科目	残高試算表		修正記入		損益計算書		貸借対照表	
	借方	貸方	借方	貸方	借方	貸方	借方	貸方
貸 倒 引 当 金		4,000		32,000				36,000
貸倒引当金繰入			32,000		32,000			

⑤ 支払家賃のうち240,000円は令和2年10月1日に向こう1年分を支払ったものである。

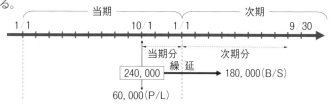

当期の費用とならずに次期に繰り延べる金額は9か月分であることから
240,000×9か月÷12か月＝180,000となります。

決算整理仕訳

借 方		貸 方	
前 払 家 賃	180,000	支 払 家 賃	180,000

精算表の記入

勘定科目	残高試算表		修正記入		損益計算書		貸借対照表	
	借方	貸方	借方	貸方	借方	貸方	借方	貸方
支 払 家 賃	240,000			180,000	60,000			
（前払）家賃			180,000				180,000	

勘定科目欄に（　）がある場合には、その欄に必要な言葉を記入します。

⑥ 受取家賃は、所有する建物の1部の賃貸によるもので、令和2年2月1日に1年分を受け取っている。

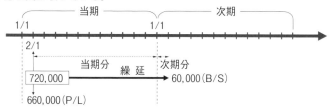

当期の収益とならずに次期に繰り延べる金額は1か月分であることから
720,000×1か月÷12か月＝60,000となります。

決算整理仕訳

借 方		貸 方	
受 取 家 賃	60,000	前 受 家 賃	60,000

精算表の記入

勘定科目	残高試算表		修正記入		損益計算書		貸借対照表	
	借方	貸方	借方	貸方	借方	貸方	借方	貸方
受 取 家 賃		720,000	60,000			660,000		
（前受）家賃				60,000				60,000

⑦　貸付金は、令和2年8月1日にアメリカ商店に貸付期間1年、年利率5％の条件で貸し付けたもので、利息は元金とともに返済時に受け取ることになっている。

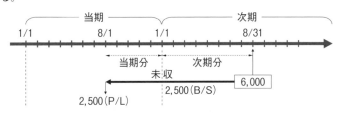

　まず、返済時に受け取るべき利息の金額を計算すると、
120,000×5％＝6,000となります。その受取利息のうち、当期の収益になる分を計算します。6,000×5か月÷12＝2,500

決算整理仕訳

借　　　　方		貸　　　　方	
未　収　利　息	2,500	受　取　利　息	2,500

精算表の記入

勘定科目	残高試算表		修正記入		損益計算書		貸借対照表	
	借方	貸方	借方	貸方	借方	貸方	借方	貸方
受 取 利 息		16,500		2,500		19,000		
（未収）利息			2,500				2,500	

⑧　借入金は、令和2年11月1日に、令和3年4月30日に返済予定で銀行から借りたもので、利息6,000円は、元金の返済時に同時に支払うことになっている。

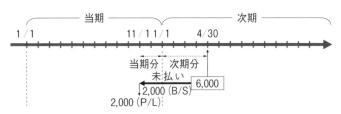

次期に支払うべき利息のうち当期の費用になる分を計算します。
　6,000×2か月÷6か月＝2,000

決算整理仕訳

借　　　　方		貸　　　　方	
支 払 利 息	2,000	未 払 利 息	2,000

精算表の記入

勘定科目	残高試算表		修正記入		損益計算書		貸借対照表	
	借方	貸方	借方	貸方	借方	貸方	借方	貸方
支 払 利 息	10,000		2,000		12,000			
（未 払）利 息				2,000				2,000

⑨　保険料は、全額建物に対する火災保険料で、毎年同額を5月1日に12か月分として支払っている。

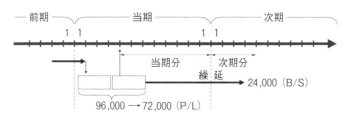

　毎年5月に同額を支払っているということは、前期に繰越処理した金額（1月から4月分）は費用として計上されていることから、試算表の支払保険料は4か月＋12か月の16か月分です。
　このため、繰り越す金額を計算すれば
　96,000×4か月÷16か月＝24,000

決算整理仕訳

借　　　　方		貸　　　　方	
前 払 保 険 料	24,000	支 払 保 険 料	24,000

精算表の記入

勘定科目	残高試算表		修正記入		損益計算書		貸借対照表	
	借方	貸方	借方	貸方	借方	貸方	借方	貸方
支 払 保 険 料	96,000			24,000	72,000			
（前払）保 険 料			24,000				24,000	

♡決算の記帳と仕訳処理にトライしてみよう

問題　下記の条件を考慮して精算表に必要な空欄をうめなさい。

・消耗品費は貯蔵品に振り替える。

・通信費5,000円は当座預金から支払ったが、期中では未処理であった。

精算表

勘定科目	試算表 借方	試算表 貸方	修正記入 借方	修正記入 貸方	損益計算書 借方	損益計算書 貸方	貸借対照表 借方	貸借対照表 貸方
現　　　　　金	1,655,500							
現 金 過 不 足				10,000			0	
当 座 預 金	2,985,000		270,000					
受 取 手 形							750,000	
売 　 掛 　 金							450,000	
有 価 証 券	987,000							
繰 越 商 品	50,000						150,000	
仮 　 払 　 金				30,000			0	
貸 　 付 　 金	120,000							
建　　　　　物	1,800,000							
備　　　　　品							360,000	
支 払 手 形								180,000
買 　 掛 　 金				270,000				600,000
未 　 払 　 金		671,750						
借 　 入 　 金		600,000						
貸 倒 引 当 金								36,000
建物減価償却累計額				90,000				180,000
備品減価償却累計額								144,000
資 　 本 　 金								5,000,000
売　　　　　上								
受 取 家 賃						660,000		
受 取 利 息		16,500						
仕　　　　　入					6,643,000			
給　　　　　料					630,000			
通 　 信 　 費	93,000							
旅 費 交 通 費			36,500		119,750			
消 耗 品 費					120,000			
支 払 家 賃	240,000							
支 払 保 険 料					72,000			
支 払 利 息					12,000			
雑 　 　 　 損	22,500		3,500					
貯 蔵 品							30,000	
減 価 償 却 費					162,000			
貸倒引当金（　　）					32,000			
（　　　）家賃							180,000	
（　　　）家賃								60,000
（　　　）利息							2,500	
（　　　）利息								2,000
（　　）保険料							24,000	
当 期 純（　　）								

解答

精 算 表

勘定科目	残高試算表 借方	残高試算表 貸方	修正記入 借方	修正記入 貸方	損益計算書 借方	損益計算書 貸方	貸借対照表 借方	貸借対照表 貸方
現 金	1,655,500						1,655,500	
現 金 過 不 足	10,000			10,000			0	
当 座 預 金	2,985,000		270,000	5,000			3,250,000	
受 取 手 形	750,000						750,000	
売 掛 金	450,000						450,000	
有 価 証 券	987,000						987,000	
繰 越 商 品	50,000		150,000	50,000			150,000	
仮 払 金	30,000			30,000			0	
貸 付 金	120,000						120,000	
建 物	1,800,000						1,800,000	
備 品	360,000						360,000	
支 払 手 形		180,000						180,000
買 掛 金		330,000		270,000				600,000
未 払 金		431,750						431,750
借 入 金		600,000						600,000
貸 倒 引 当 金		4,000		32,000				36,000
建物減価償却累計額		90,000		90,000				180,000
備品減価償却累計額		72,000		72,000				144,000
資 本 金		5,000,000						5,000,000
売 上		9,821,000				9,821,000		
受 取 家 賃		720,000	60,000			660,000		
受 取 利 息		16,500		2,500		19,000		
仕 入	6,743,000		50,000	150,000	6,643,000			
給 料	630,000				630,000			
通 信 費	93,000		5,000		98,000			
旅 費 交 通 費	83,250		36,500		119,750			
消 耗 品 費	150,000			30,000	120,000			
支 払 家 賃	240,000			180,000	60,000			
支 払 保 険 料	96,000			24,000	72,000			
支 払 利 息	10,000		2,000		12,000			
雑 損	22,500		3,500		26,000			
	17,265,250	17,265,250						
貯 蔵 品			30,000				30,000	
減 価 償 却 費			162,000		162,000			
貸倒引当金(繰入)			32,000		32,000			
(前払)家賃			180,000				180,000	
(前受)家賃				60,000				60,000
(未収)利息			2,500				2,500	
(未払)利息				2,000				2,000
(前払)保険料			24,000				24,000	
当期純(利益)					2,525,250			2,525,250
			1,007,500	1,007,500	10,500,000	10,500,000	9,759,000	9,759,000

解説

　この問題に利用されている精算表は、Ｐ209の問題で作成した精算表と同じものです。精算表のしくみを理解しているかを問うための問題です。

　そのため、このような問題が出題された場合には、あせらず、通常の精算表の問題と同じように解いていきます。

　Ｐ209の問題では、決算整理処理の事項が、記載されそれぞれの事項について、決算整理仕訳を行いました。これらの仕訳は、精算表の「修正記入」欄に記載されました。

　言い換えれば、この問題で「修正記入」欄に記載されている数値は、決算整理仕訳であることを意味しています。したがって、一旦「修正記入」に記載されている数値から、決算仕訳を想定して、下書用紙等に記載してみてください（ここでは、Ｐ209の問題と同じ数値を利用しているので仕訳は割愛します）。もちろん問題に記載されている２つの事項は考慮してください。

　そして、あとは、Ｐ206の図表77の精算表のしくみを思い出して、精算表上の数値を加算、減算してみてください。

　これらの処理ができれば、このような推定問題になった精算表も正解へと導くことができます。

■ 一口メモ 精算表の問題の出題形式 ┈┈┈┈┈┈┈┈┈┈┈┈┈┈┈┈┈

　日商簿記検定３級では第５問で決算に関する問題が出題されます。その多くは、精算表を利用した決算の問題です。

　本書で、説明している精算表の解き方の問題は、代表的な出題形式で、順進問題といわれています。すなわち、決算整理前残高試算表に決算整理仕訳を行って、精算表を埋めていくといった形です。

　この形式のほかに、精算表の一部を空欄にして、解く問題（220ページの問題で取りあげています）や精算表の貸借対照表や損益計算書を問題としてあげて、決算整理を想定して決算整理前残高試算表を作成するといった通常の決算とは逆の手順をさせる逆進問題も出題されます。

　このため、簿記検定試験の対策としては、精算表の解き方を学習するとともに、決算の流れを体系的に学習する必要があります。ただ、出題形式が違っても、決算の流れには変化はありませんから落ち着いて問題文にあたってみましょう。

♥超重要キーワード／決算これだけは覚えよう

① 決算とは

　簿記では、期末に総勘定元帳の記録を整理し、帳簿を締め切り、損益計算書と貸借対照表を作成します。

　こうした一連の手続を決算といい、決算の行われる日を決算日といいます。

② 決算の流れ

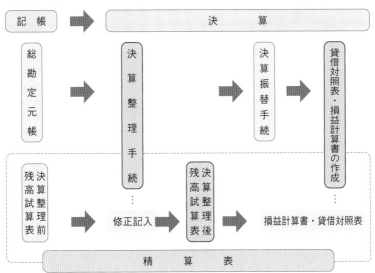

③ 決算整理手続

　報告書を作成するために、期中の取引の内容を検討し、必要があれば修正を行うとともに、報告書を作成するための処理を行います。

決算修正作業	期中の取引の貸借平均の原理を犯さない仕訳の誤りの修正などを行います。
決算整理作業	適正な期間損益計算を行うことで正確な損益計算書を作成するために特殊な仕訳を行います。

④ 決算修正作業

　決算の作業にあたって、期中の取引の内容の誤り等を修正します。仮勘定で処理されているものについては、正式な勘定科目に振り替えます。主な修

正は、次の4つです。

① 未処理事項の追加仕訳

② 間違った処理の修正仕訳

③ 現金過不足の修正仕訳

④ 仮払金、仮受金の適正処理仕訳

⑤ 決算整理作業

報告書を作成するために必要な処理です。主な項目は、次の5つです。

① 売上原価の算定

```
(借方) 仕      入 ×××    (貸方) 繰 越 商 品 ×××
(借方) 繰 越 商 品 ×××    (貸方) 仕      入 ×××
```

② 貯蔵品の処理

```
(a) 費用処理をしている場合
   (借方) 消耗品費(注) ×××    (貸方) 貯 蔵 品 ×××
   (借方) 貯 蔵 品 ×××    (貸方) 消 耗 品 費 ×××
(b) 資産処理をしている場合
   (借方) 消耗品費(注) ×××    (貸方) 貯 蔵 品 ×××
```

（注）貯蔵品の内容によって、「租税公課」、「通信費」等の勘定科目を用います。

③ 減価償却費の計上

```
間接法で処理
   (借方) 減 価 償 却 費 ×××    (貸方) 減価償却累計額 ×××
```

④ 貸倒引当金の設定

```
(借方) 貸倒引当金繰入 ×××    (貸方) 貸 倒 引 当 金 ×××
```

⑤ 費用収益の未払い・未収・前払い・前受け

```
(借方) 前 払 保 険 料 ×××    (貸方) 支 払 保 険 料 ×××
(借方) 受 取 利 息 ×××    (貸方) 前 受 利 息 ×××
(借方) 支 払 利 息 ×××    (貸方) 未 払 利 息 ×××
(借方) 未 収 利 息 ×××    (貸方) 受 取 利 息 ×××
```

⑥ 当座借越の振替

```
(借方) 当 座 預 金 ×××    (貸方) 借   入   金 ×××
```

　精算表とは各勘定科目の数値がきちんと整理・仕訳されているかチェックしながら進めるためのチェックシートのようなものです。最もよく使用される８桁精算表は、「残高試算表」、「修正記入」、「損益計算書」、「貸借対照表」欄が設けられ、決算手続の内容を一覧で確認することができます。

【精算表のしくみ】

勘定科目	残高試算表		修正記入		損益計算書		貸借対照表	
	借方	貸方	借方	貸方	借方	貸方	借方	貸方
現　　　　金	資産		+	−			資産	
当 座 預 金								
受 取 手 形								
売　掛　金								
売買目的有価証券								
繰 越 商 品								
建　　　物								
支 払 手 形		負債	−	+				負債
買　掛　金								
借　入　金								
貸 倒 引 当 金								
減価償却累計額								
資　本　金		純資産	−	+				純資産
売　　　上		収益	−	+		収益		
受 取 利 息								
仕　　　入	費用		+	−	費用			
給　　　料								
消 耗 品 費								
支 払 保 険 料								
支 払 利 息								

　株式会社においては、1年に1回株主総会を開き1年間の会社の状況について、株主に報告を行います。このために、決算日現在の決算書を作成することになります。会社法によれば、株主総会は、決算日後3ヶ月以内に開催しなければならないので、言いかえればその株主総会までに、決算書を完成させなければなりません。

　また、法人税や消費税は、税法の規定により決算日後2ヶ月以内に納付しなければなりません。しかし、これらの税金は、決算書が完成しなければ、納税額の確定ができないことから、株主総会が仮に3ヶ月後であったとしても実務上は、決算日から2ヶ月以内に決算書を完成させることになります。なお決算書の数値が決まることを「決算を固める」と言ったりします。

　実務においては、これらの作業は、主として経理部の人が、決算日の翌日から作業に取り掛かり、2ヶ月間という期間で決算仕訳を行います。まず、決算日の現金の残高を確定し、又商品在庫の数量や金額を確定します。決算日を過ぎても会社は、通常に営業していますから、現金も、商品も当然動きがありますので、決算日の残高をきちんとカウントしておかなければなりません。

　ところが、この間にも通常の取引は発生していますので、経理部の人にとっては、日常業務と決算業務が重なる一番忙しい時期になります。

　一方で、決算日までの収益は、1年間の決算書に含まれます。このため、営業担当者は、決算日に向けて1円でも多くの売上を上げようと販売努力をすることになるでしょう。

　このように決算日をはさんで、営業部、経理部とあわただしい時期を迎えることになりますが、日本の会社は、3月決算の会社が多いため、なんとなく、毎年3月（年度末）は世の中忙しく感じるのは、このせいかもしれません。

証ひょうと仕訳

アタック 10

　会社は、取引を行うと取引に関するさまざまな書類の受け渡しを行います。また、社内管理のために書類を作成することもあります。こういった書類を見て仕訳を行うことになります。

　アタック 10 では、書類の見方や仕訳を行う上でのポイントを学習します。

証ひょうってなに

Point

♤証ひょうを見れば、どういった取引が行われたかどうかを当事者以外でも知ることができます。

♤証ひょうの意味を理解し、どの日付で仕訳を行えばよいかを考えながら、解くようにしましょう。

❶ 証ひょうってなんのこと

証ひょうとは取引があったことを証明する書類のことをいいます。証ひょうには会社が取引相手と受け渡しする書類のほか、銀行から受け取る入出金記録や会社で作成する集計表など多岐にわたります。

主な証ひょうは図表79の通りです。

【図表79 主な証ひょう】

名称	内容
納品書	商品の納入時に、納品した商品の明細を記載し顧客に提出する書類です。
請求書	顧客に代金の支払いを請求するために提出する書類です。納品書と合わせて「納品書兼請求書」という名称で提出することもあります。
領収書	顧客に対して代金を受領した旨を記した書類です。
当座勘定照合表	当座預金の入出金の明細を記した書類です。
売上集計表	一定期間（1日、1月など）の売上を集計した表です。商品ごとや顧客ごと等、用途に応じて集計方法を自由に設定可能です。

❷ 証ひょうからの仕訳

簿記3級においては、証ひょうをみて、その証ひょうから情報を汲み取り、仕訳を行う問題が出題されます。そのため、各証ひょうにおいて、必要な情報がどこに記載されているかを判断する必要があります。

以下では、各証ひょうごとの仕訳を学習します。

① 請求書（当社が発行）

　商品を売り上げ、品物とともに次の納品書兼請求書の原本を発送し、代金の全額を掛代金として処理した。また、アメリカ商店への請求額と同額の送料を現金で支払った。なお、送料はアメリカ商店が負担することとなっている（図表80）。

【図表80　納品書兼請求書】

20XX 年 5 月 31 日

納品書兼請求書（控）

アメリカ商店　御中

株式会社セルバ

品物	数量	単価	金額
A 商品	10	5,000	50,000
B 商品	5	15,000	75,000

送料	-	-	550
		合計	125,550

20XX 年 6 月29日までに合計額を下記口座へお振込み下さい。
株式会社セルバ 当座 1324496 カ）セルバ

	借	方		貸	方	
5/31	売　掛　金	125,550	売	上		125,000
			現	金		500

　売上の金額は、A 商品と B 商品の合計額となります。

　送料は問題文に取引先であるアメリカ商店の負担と記載されています。つまり、会社が立て替えていることになります。そして、請求書に送料の記載があることから、送料は商品代金と合わせて後日回収することになっていることが分かります。

　送料は、売上ではないので、売掛金の金額には含めますが、売上の金額には含めません。

② 領収書

社内作業用の備品と事務用品をインターネット注文で購入し、品物とともに次の領収書を受け取った（図表81）。

代金はすでに現金で支払い済みであり、支払時は、仮払金勘定で処理している。

【図表81　領収書】

20XX 年 4 月 25 日

領収書

株式会社セルバ　様

どっとカメラ株式会社

品物	金額
業務用複合機	400,000
セッティング作業	50,000
コピー用紙（500枚）	1,500
合計	451,500

上記の合計額を領収いたしました。

	借　　　方		貸　　　方	
4/25	備　　　品 消 耗 品 費	450,000 1,500	仮　払　金	451,500

セッティング作業代は業務用複合機の付随費用として備品の取得原価に含めます。

今回の事例では、支払時に仮払金として処理していたので、貸方が現金や預金勘定ではなく、仮払金勘定となります。支払時の仕訳は次の通りです。

借　　　方		貸　　　方	
仮　払　金	451,500	現　　　金	451,500

支払済みあるいは振込済みだからといって、現金や預金とはならず、支払時に仮払金で処理していることもあるので、問題文をよく読むようにしましょう。

③ 請求書（当社が受取）

事務作業に使用する物品を購入し、品物とともに図表82の請求書を受け取り、代金は後日支払うことにした。なお、当社は、消耗品を購入した際に貯蔵品勘定を使用し、決算時に使用済み分を費用勘定に振り替える会計処理を採用している。

【図表82　請求書】

<table>
<tr><td colspan="5" align="right">20XX 年 11 月 30 日</td></tr>
<tr><td colspan="5" align="center">請求書</td></tr>
<tr><td colspan="5">株式会社セルバ　御中</td></tr>
<tr><td colspan="5" align="right">株式会社オフィス事務サービス</td></tr>
<tr><td>名称</td><td>数量</td><td>単価</td><td>金額</td></tr>
<tr><td>ボールペン</td><td>200</td><td>300</td><td>60,000</td></tr>
<tr><td>はがき</td><td>500</td><td>80</td><td>40,000</td></tr>
<tr><td></td><td></td><td>合計</td><td>100,000</td></tr>
</table>

20XX 年 12 月 31 日までに合計額を下記口座へお振込み下さい。
トマト銀行川越支店　普通　4536789 カ）オフィスジムサービス

	借　　　方		貸　　　方	
11/30	貯　蔵　品	100,000	未　払　金	100,000

問題文に、購入時には貯蔵品勘定を使用する旨の指示がありますので、費用の勘定科目を使用しないよう注意しましょう。

なお、決算処理についてはアタック9を参照してください。

④ 当座勘定照合表

わかば銀行のインターネットバンキングサービスから当座勘定照合表（図表83）を参照したところ、次のとおりであった。そこで、各取引日について必要な仕訳を答えなさい。なお、アメリカ商店は商品の仕入先、カナダ商店は得意先であり、商品売買取引はすべて掛けとしている。また、小切手（No.119）は仕入代金として 3 月24日以前に振り出したものである。

20XX 年 3 月 31 日

当座勘定照合表

株式会社セルバ　御中

わかば銀行新宿支店

取引日	摘要	お支払い金額	お預かり金額	取引残高
3/25	融資ご返済	2,000,000		5,640,000
3/25	融資お利息	1,052		5,638,948
3/26	お振込　アメリカ商店	100,000		5,538,948
3/26	お振込手数料	648		5,538,300
3/29	お振込　カナダ商店		1,000,000	6,538,300
3/31	小切手引落（No.119）	650,000		5,888,300
3/31	手形引落（No.1001）	800,000		5,088,300

	借　　　　　方		貸　　　　　方	
3/25	借　入　金 支　払　利　息	2,000,000 1,052	当　座　預　金	2,001,052
3/26	買　掛　金 支　払　手　数　料	100,000 648	当　座　預　金	100,648
3/29	当　座　預　金	1,000,000	売　　掛　　金	1,000,000
3/31	支　払　手　形	800,000	当　座　預　金	800,000

　なお、3/31に小切手（No119）が引き落されていますが、振出日に次の仕訳を行っているので、3/31時点で仕訳は不要です。証ひょうの意味をよく理解して、仕訳を行うようにしましょう。

借　　　　方		貸　　　　方	
買　　掛　　金	650,000	当　座　預　金	650,000

⑤　売上集計表

　書店を営む会社のある店舗の実用書の1日分の売上の仕訳を行うにあたり、集計結果は図表84のとおりであった。また、合計額のうち27,000円はク

レジットカード、残りは現金による決済であった。

【図表84　売上集計表】

売上集計表（実用書）

水道橋店　20XX 年 5 月 19 日

名称	数量	単価	金額
実用書 A	18	2,400	43,200
実用書 B	14	1,800	25,200
実用書 C	9	3,000	27,000
		消費税	7,632
		合計	103,032

	借　　　　　方		貸　　　　　方	
5/19	クレジット売掛金	27,000	売　　　　　　　上	95,400
	現　　　　　　金	76,032	仮 受 消 費 税	7,632

■ 一口メモ　証ひょうは商売の基本 ■■■■■■■■■■■■■■■■■■

　証ひょうとは、あまり聞きなれない言葉ですが、「取引の成立を証明するための書類」という意味です。具体的には、「注文書」「受注書」「発注書」「請求書」「領収証」など、商売を行う上で、何を取引したのかが記載されているものです。昨今では、電子メール等でのやり取りも主流ですが、従来から様式で記載されてきました。

　取引の記録であるので、簿記で仕訳をするための基礎となるものです。実務上では、正しい仕訳をするためにはこれらの証ひょうを取引の流れを踏まえて、種類ごとにきちんと整理することが経理部の重要な仕事のひとつです。

　昨今では、ペーパレス化の一環として、証ひょうをパソコンで作成したり、その情報をデータベースで共有するなどして、業務の効率化が図られていっています。

　なお、証ひょうの一部を簿記の仕組みに組み込んだものが、会計伝票になります。

2 会計伝票ってなに

Point

♤仕訳を行うための伝票を会計伝票といいます。

♤伝票には、「入金伝票」「出金伝票」「振替伝票」があります。

❶ 仕訳帳の記入に代わる方法

　簿記は、取引を記録して集計し報告するしくみを言います。取引を記録する方法として仕訳が用いられています。

　仕訳の記録の方法は、仕訳帳というノートを利用して記録し、その記録を総勘定元帳に転記していきます。ノート形式であれば、取引の順番にきちんと記載され、後でチェックするにしてもその適正さを判断することが可能です。

　過去に記載した仕訳を取り消すときには、見え消しといって、赤線を入れて仕訳そのものを取り消しするか、もしくは、反対仕訳をすることでなかったことにします。

　しかし、会社が大きくなるにつれ、取引量も増え、1人では処理できなくなります。また、複数の部署で、取引の記録をして集計を経理部が行うなど、仕訳日記帳を用いた簿記の仕組みでは限界が生じてきました。また、頻発する勘定科目については、記載を省略することで、仕訳にかかる労力を削減することも必要になってきました。

　これらの問題を解決するために、仕訳の記入をするもう1つの方法として、伝票に記入する方法があります。

【図表85　伝票を用いた簿記のしくみ】

伝票を利用する方法は、仕訳帳に記入する代わりに、仕訳ごとに、１枚の用紙に記入することで仕訳を作成し、総勘定元帳に転記する方法です。これらを伝票会計制度と呼んでいます。

❷ 会計伝票で使う伝票は

仕訳を行うために利用する伝票を会計伝票といいます。会計伝票は、１種類の伝票（「振替伝票」といいます）のみを用いて処理する場合もありますが、上述のように、頻発する勘定科目の記載の労力を削減するために複数の伝票を利用する方法があります。

簿記では、「振替伝票」に加えて、借方側を「現金」勘定科目に特定した「入金伝票」、貸方側を「現金」勘定科目に特定した「出金伝票」の３つの伝票を用いる３伝票制があります。

さらに、３伝票制に加えて売上取引や仕入取引専用の伝票「売上伝票」「仕入伝票」を利用した５伝票制などがあります。

【図表86　簿記における伝票制】

証ひょうと仕訳　アタック⑩

なお、５伝票制については、日商簿記検定の範囲には含まれていませんので、本書では、３伝票制について解説します。

３伝票制において、図表87の３つの伝票で、①「入金伝票」（現金／×××）、②「出金伝票」（×××／現金）、③「振替伝票」を用います。

【図表87　３つの会計伝票】

伝票会計の問題においては、まず伝票を読みとり自分の下書用紙等に仕訳の形式におきかえると容易に解答にたどりつけます。

記録のしかたって どうやればいい

Point

♧ 入金伝票は、借方の科目が「現金」の勘定科目が固定されていますので、貸方の科目と金額だけ記入します。

♧ 出金伝票は、貸方の科目が「現金」の勘定科目が固定されていますので、借方の科目と金額だけ記入します。

❶ 入金伝票ってなんのこと

入金伝票は、現金の入金のすべてを記録するための伝票です。すなわち、仕訳で「現金」の勘定科目が借方に出てくるものは、すべて入金伝票を利用します。

<u>取引</u> 商品100,0000円を売り上げ、現金で受け取った。

借 方		貸 方	
現　　金	100,000	売　　上	100,000

上記取引の仕訳を入金伝票に起票すると、図表88のようになります。

【図表88　入金伝票の例】

入　金　伝　票	
平成××年×月×日	
科　　　　目	金　　　　額
売　　　　上	100,000

相手の勘定科目

借方は「現金」と決まっていますので、科目欄に仕訳の相手の勘定科目を記入し、金額欄に金額を記入します。

❷ 出金伝票ってなんのこと

<u>取引</u> 商品100,000円を仕入れ、現金で支払った。

借 方		貸 方	
仕　　入	100,000	現　　金	100,000

上記取引の仕訳を出金伝票に起票すると、図表89のようになります。

【図表89　出金伝票の例】

出　金　伝　票		
平成××年×月×日		
科　　　　　　目	金	額
仕　　　　　　入		100,000

（相手の勘定科目）

　貸方は「現金」と決まっていますので、科目欄に仕訳の相手科目を記入し、金額欄に金額を記入します。

　なお、摘要欄が設けられている伝票もあり、その取引について内容を記載します。

❸　振替伝票ってなんのこと

　振替伝票は、現金の入金取引でも出金取引でもありませんので、次のように、借方と貸方の両方の勘定科目を伝票に記載することになります。今までの仕訳と同じ形になります。

[取引]　商品100,000円を売り上げ、掛けとした。

借　　　方		貸　　　方	
売　掛　金	100,000	売　　上	100,000

となります。

　この仕訳には、借方にも貸方にも「現金」の勘定科目は使われていませんので、入金伝票や出金伝票を使わないで振替伝票（図表90）に起票します。

【図表90 振替伝票の例】

振　替　伝　票				
平成××年×月×日				
借　方　科　目	金	額	貸　方　科　目	金	額
売　掛　金		100,000	売　　　上		100,000

　なお、摘要欄が設けられている伝票もあり、その取引について内容を記載します。

♥超重要キーワード／伝票会計これだけは覚えよう

① 証ひょうって

会証ひょうとは、取引があったことを証明する書類のことをいいます。

簿記3級では、証ひょうをみて、仕訳ができることが重要です。

主な証ひょうは図表91のとおりです。

【図表91 主な証ひょう】

名称	内容
納品書	商品の納入時に、納品した商品の明細を記載し顧客に提出する書類です。
請求書	顧客に代金の支払いを請求するために提出する書類です。納品書と合わせて「納品書兼請求書」という名称で提出することもあります。
領収書	顧客に対して代金を受領した旨を記した書類です。
当座勘定照合表	当座預金の入出金の明細を記した書類です。
売上集計表	一定期間（1日、1月など）の売上を集計した表です。商品ごとや顧客ごと等、用途に応じて集計方法を自由に設定可能です。

② 会計伝票

会計伝票は、1種類だけの伝票（「振替伝票」といいます）を用いて処理する方法もありますが、頻繁に行われる取引の種類ごとに異なる種類の伝票を設けています。

通常は、3つの伝票

「入金伝票」（現金／×××）、

「出金伝票」（×××／現金）、

「振替伝票」

を用います。

帳簿組織

　簿記のしくみは、会社の取引を同じ記入の方法で、記録、集計します。

　この記録の方法は、それらを記入するノートの様式も定型化されています。

　簿記では、この定型化されたノートのことを帳簿といいます。

帳簿ってなに・その種類は

Point

♧帳簿には、「主要簿」と「補助簿」があります。

♧どの会社にも「主要簿」はありますが、「補助簿」は、必要に応じて設定します。

❶ 帳簿ってなんのこと

帳簿には、必ず必要な帳簿（主要簿）とそれを助けるための帳簿（補助簿）があります。主要簿とは、帳簿記録の中心となる帳簿で、取引を記録、集計するために必ず必要な帳簿で、仕訳帳（仕訳記入帳）と総勘定元帳があります。

最近では、仕訳帳の代わりに、伝票を利用しているケースもあります。

❷ 補助簿ってなんのこと

補助簿とは、仕訳帳や総勘定元帳だけでは、集計しにくい情報（例えば、相手先別の売上の集計など）を集計して記録するものです。

必ず、総勘定元帳や仕訳帳の一部の情報が集計されることになります。

【図表92　帳簿の種類】

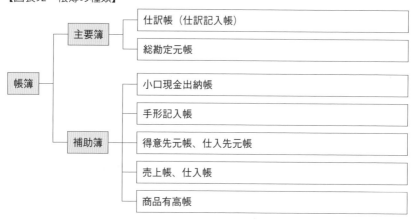

2 仕訳帳ってなに・その記帳は

Point
♤日々の仕訳は、「仕訳帳」に記入されます。
♤仕訳の形式によって「仕訳帳」の記入のしかたが異なります。

❶ 仕訳帳ってなんのこと

取引が発生すれば、仕訳を行います。そしてそれを総勘定元帳に転記します。さりげなく、皆さんは今まで行ってきました。

正式な帳簿では、仕訳を記録するものとして、仕訳帳があります。

【図表93　仕訳帳】

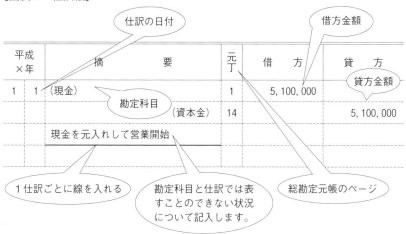

平成×年		摘　　　　　要	元丁	借　　方	貸　　方
1	1	（現金）	1	5,100,000	
		（資本金）	14		5,100,000
		現金を元入れして営業開始			

仕訳の日付／借方金額／勘定科目／貸方金額／1仕訳ごとに線を入れる／勘定科目と仕訳では表すことのできない状況について記入します。／総勘定元帳のページ

❷ 貸借平均の原理

仕訳は、取引の実態を表すように、複数の勘定科目を利用して処理することもあります。借方側、貸方側に勘定科目の制限はありません。しかし、複式簿記においては、必ず借方側の金額の合計と貸方側の金額の合計は一致します。これを貸借平均の原理といいます。

総勘定元帳ってなに・その記帳は

Point

♤総勘定元帳とは、すべての勘定科目ごとの増減を記録したもので、最終的な借方と貸方の差額が、1年間のその勘定科目の残高になります。

❶ 総勘定元帳ってなんのこと

総勘定元帳とは、すべての勘定科目ごとの増減を記録したもので、最終的な借方側の合計金額と貸方側の合計の金額の差額が、1年間のその勘定科目の残高になります。

取引について仕訳を行えば、その仕訳の勘定科目を集計する必要があります。仕訳から総勘定元帳へ記入することを「転記」といいます。

【図表94　仕訳の記録】

総勘定元帳は、各勘定科目ごとに作成されており、すべての勘定科目についてノートのようにまとめられています。

なお、仕訳と総勘定元帳を関連づけるため、仕訳帳には総勘定元帳のページを、また、総勘定元帳では、仕訳帳のページを記入します。

このページをそれぞれの主要簿に記入することで、それぞれの関連性を把握するとともに、転記もれを防ぐことができます。

また、総勘定元帳の形式は、勘定式（標準様式）と残高式がありますが、ここでは、勘定式の総勘定元帳をみていきます。

今までの学習では、仕訳と転記のしくみを学習するため、便宜上勘定式（標準様式）を簡略化したＴ字型のフォームを利用してきました。

しかし、総勘定元帳にも正式な様式と記載のルールがあります。ここでは、

その様式とその記入のしかたを解説します。

　総勘定元帳には、さまざまな様式がありますが、勘定式（標準様式）は図表95のような形をしています。

　勘定式の場合、総勘定元帳のページごとに、借方部分と貸方部分の間の線を基準に左右同形式になっています。

【図表95　総勘定元帳の標準様式と記帳】

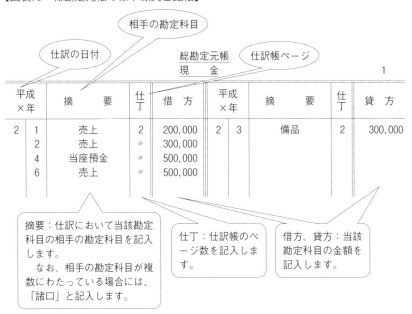

　参考までに、勘定式の総勘定元帳に記入された内容を、今まで学習した簡略式のT字フォームを示すと、図表95のようになります。

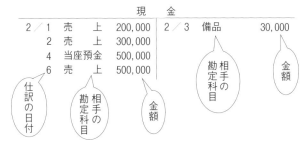

　下書き用紙等にT字フォームを記載する場合には日付や相手の勘定科目は省略されます。

4 補助簿ってなに

Point

♤補助簿とは、補助記入帳ともいわれ、特定の勘定科目について、より詳細な情報を集計するために記入されるものです。

❶ 補助簿ってなんのこと

補助簿とは、補助記入帳ともいわれ、特定の勘定科目について、より詳細な情報を集計するために記入されるものです。

【図表96　取引から補助簿の記入】

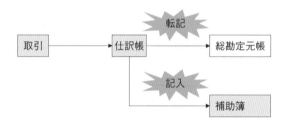

したがって、補助簿は必ず、勘定科目に紐つけられており、同じ勘定科目に所属する各補助簿の残高の合計は、必ず該当する勘定科目の残高と一致します。

いったん補助簿の記入を開始すれば、該当の勘定科目が仕訳された際に必ず該当の補助簿にも記入されることになります。

【図表97　総勘定元帳と補助簿の関係】

❷ よく使われる補助簿は

よく使われる補助簿は、図表98のとおりです。

【図表98　よく使われる補助簿】

名　称	内　容	該当勘定科目
①　受取手形記入帳	受取手形の振出人や期日、金額等の手形を受け取った時点で記入するとともに、その手形の顛末まで記入します。	受取手形
②　支払手形記入帳	支払手形の情報を記入します。特に自己の振出だけでなく、為替手形の引受けについても記録します。その手形の顛末まで記入します。	支払手形
③　得意先元帳（売掛金元帳）	人名勘定の１つで個々の売上先の売上金額、回収金額を記録します。すべての得意先元帳の取引、残高の合計は、総勘定元帳の取引、残高と一致します。	売掛金
④　仕入先元帳（買掛金元帳）	人名勘定の１つで、個々の仕入先の仕入金額、仕入単価、支払金額を記録します。すべての仕入先元帳の取引、残高の合計は、総勘定元帳の取引、残高と一致します。	買掛金
⑤　売上帳	売上の情報（相手先、商品名、売上数量、売上単価、支払方法など）を記録します。	売上
⑥　仕入帳	仕入の情報（相手先、商品名、仕入数量、支払方法など）を記録します。なお、仕入諸掛についても、記録します。	仕入
⑦　商品有高帳	商品の出入りを記録するとともにその原価を計算するために作成されます。	仕入、売上

そのほかに、補助記入帳として、小口現金出納帳があります（アタック２を参照）。

補助簿は、勘定科目が関連づけられていることから、必要に応じて会社が選択することになります。

簿記３級では、上記に記載された補助簿が出題されており、最低限記載の内容を読み取れることが必要です。

また、取引においてどの補助簿に記入するのかを選択する問題も多く出題されています。この問題は、総勘定元帳（勘定科目）と補助簿の関係を問うています。どの補助簿がどの勘定科目とひもつきになっているのか確認してください。

得意先元帳・仕入先元帳ってなに

Point

☝得意先元帳は、得意先ごとの売掛金の内訳を記入するための帳簿です。

☝仕入先元帳は、仕入先ごとの買掛金の内訳を記入するための帳簿です。

❶ 得意先元帳ってなんのこと

　商品を販売した際に、信用取引の一部として、掛取引があります。仕訳では、「売掛金」の勘定科目が利用されています。

　通常、掛で販売している得意先は多くあり、実務上はその相手先ごとに請求書を送ったり、入金の確認をしたりしています。

　しかし、通常の仕訳だけでは、総額としてしか把握できないため、得意先ごとの売上の取引や入金取引を記録する必要があります。

　このように得意先ごとの売掛金の内訳を把握するための帳簿が「得意先元帳」です。売掛金元帳ともいわれ、「売掛金」と関連しています。

　得意先ごとに補助簿を作成することから、特にこの補助簿のことを「人名勘定」といわれることもあります。

　この人名勘定には、「いつ」「いくら」販売したのか？　また「いつ」「いくら」回収したか？について記載されます。

　そのため、得意先元帳を見れば、取引先ごとの販売金額のほか、期日通りに売掛金が回収できているかを把握することが可能です。

　補助簿の形式は、勘定式と残高式の2種類がありますが、得意先ごとの残高も随時把握することも目的ですから、残高式が多く用いられています（形式は総勘定元帳と同じ様式を利用します）。

　そのため、ここでは、図表99のように、残高式の記入方法について解説します。

　得意先元帳や仕入先元帳への記入も大切ですが、その内容を読み取り、仕訳ができることも必要です。

【図表99　残高式の得意先元帳の記入方法】

得 意 先 元 帳
大阪商店

タイトル部分：得意先の名称を記入

平成×年		摘　　　要	借　　方	貸　　方	借／貸	残　　高
4	11	売　　上	500,000		借	500,000
	12	返　　品		100,000	借	400,000

摘要：売掛金の相手の勘定科目または、取引の内容を記入します。

借方、貸方：それぞれの金額を記入します。

借／貸：残高が借方の残高か貸方の残高かを記入します。通常、得意先元帳の場合、「売掛金」のホームポジションである「借」になります。しかし、得意先が多く入金してきていることもありその場合は、残高はマイナスになり「貸」と記入して残高欄にはマイナス記号は付しません。

残高：取引ごとにその残高を記入します。

❷　仕入先元帳ってなんのこと

　仕入先ごとの買掛金の内訳を記入するための帳簿が「仕入先元帳」です。買掛金元帳ともいわれ、「買掛金」と関連しています。

　売掛金の内訳を把握する得意先元帳に対して、しくみや記入方法は得意先元帳と同じです。

【図表100　残高式の仕入先元帳の記入方法】

タイトル部分：仕入先の名称を記入

仕 入 先 元 帳
奈良商店

平成×年		摘　　　要	借　　方	貸　　方	借／貸	残　　高
3	9	仕　　入		500,000	貸	500,000
	10	仕　　入		300,000	貸	800,000
	15	当座預金	500,000		貸	300,000

摘要：買掛金の相手の勘定科目または取引の内容を記入します。

借方、貸方：それぞれの金額を記入します。

借／貸：残高が借方の残高か貸方の残高かを記入します。通常、仕入先元帳の場合、「買掛金」のホームポジションである「貸」になります。しかし、仕入先に多く支払いをした場合には残高はマイナスになり、「借」と記入して残高欄には、マイナス符号は記載しません。

残高：取引ごとにその残高を記入します。

6 売上帳・仕入帳ってなに

Point
♤売上帳は、売上取引の明細を記録するための補助簿です。
♤仕入帳は、仕入取引の明細を記録するための補助簿です。

❶ 売上帳ってなんのこと

　売上取引の明細を記録するための補助簿が「売上帳」です。

　商品を販売した際に、仕訳で記録されるのは、販売に関する決済方法については、借方の勘定科目を確認することで、おおむね理解することができます。

　すなわち、「現金」、「売掛金」、「受取手形」の勘定科目が貸方の「売上」に対して、借方に記載されることになります。

　しかし、「誰に」、「何を」「何個」、1個あたりの「単価」については、わかりかねるために、記入される補助簿ともいえます。

【図表101　売上帳の記帳】

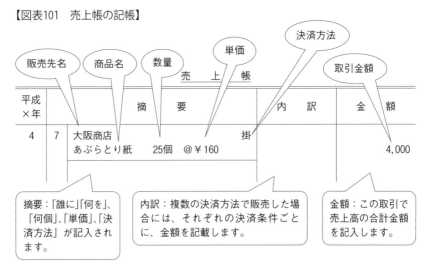

図表100の取引を仕訳すれば、

借 方		貸 方	
売 掛 金	4,000	売 上	4,000

となります。

❷ 仕入帳ってなんのこと

仕入取引の明細を記録するための補助簿が「仕入帳」です。

「いつ」「誰に」「何を」「何個」「どのようにして」仕入れたかがわかります。

また、付随費用を負担した場合には、1つの記録の中に同時にその情報も記載します。

【図表102 仕入帳の記帳】

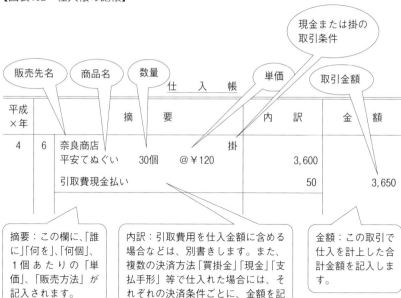

図表102の取引を仕訳すれば

借 方		貸 方	
仕 入	3,650	買 掛 金 現 金	3,600 50

となります。

商品有高帳ってなに

Point
♤商品を管理する台帳を「商品有高帳」といいます。
♤記入のしかたは、商品単価の決定のしかたによって異なります。

❶ 商品有高帳ってなんのこと

　会社にとって、商品の状況を管理することは、非常に重要なことです。商品が盗難にあったり、破損したりすることもあるでしょう。このため、多品種の商品を扱っている会社であったとしても、商品の入荷数量（仕入数量）と出荷数量（売上数量）を商品ごとに管理しています。

　日々記録することで、常に商品在庫の状況を把握しています。これらを管理する補助簿が、「商品有高帳」です。

　多くの会社では、コンピュータで商品の在庫を管理していますが、その仕組みは、この「商品有高帳」の記載の方法を踏襲しています。

　「商品有高帳」は、商品ごとの受け入れ、払い出し及び残高の明細を記録するための補助簿です。

　商品の単価は、仕入ごとに変動する場合もあります。そのため、同一商品について、どのように入荷、出荷が行われたのか。また、そのときの単価はいくらなのかを継続的に記録を行うことで明確にします。

　これにより商品１つ１つの儲けや在庫がはっきりします。この際に利用する補助的な帳簿（補助簿）を商品有高帳といいます。

❷ 払出単価の決定ってなんのこと

　商品有高帳に記入される単価は、仕入原価を基準に記入されます。このため、出荷時（売上時）において記入される商品原価は、仕入原価を基準に記入されることから、商品の売上原価を把握することができます。

　ここで、出荷時において記入される商品単価のことを「払出単価」といい

ます。同一商品であっても、仕入の都度単価が変化する場合もあります。このため、どの商品が出荷されたのかについては、個別に把握することが必要ですが、多くの種類の商品を扱っている場合においては、個別に把握できない場合があります。

簿記において、個別に原価を把握できない場合には、一定の仮定計算に基づいて単価を算定します。

払出単価の計算方法は、図表103のように（1）先入先出法と（2）移動平均法という方法があります。

【図表103　払出単価の計算方法】

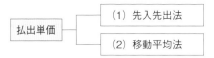

❸　先入先出法ってなんのこと

「先入先出法」とは、先に入れた商品から先に販売されているはずという仮定に基づいて単価の計算をする方法です。

常に、一番古い単価の在庫を出荷にまわしていき、在庫は、払出単価の新しいものが残っていると考えられています。

① 払出単価の計算

下記のような商品の入荷、出荷があったとして、4月17日の売上の払出単価を求めてみましょう。

```
4月 1日　前月繰越　20個　@　￥100
    16日　仕入　　　30個　@　￥120
    17日　売上　　　25個　@　￥160
    18日　仕入　　　15個　@　￥136
```

4月17日に出荷時点で、商品は
　　20個　@　￥100
　　30個　@　￥120
の50個残っています。これを25個出荷するわけですから、
　　20個　@　￥100
　　 5個　@　￥120
となって、売上商品の原価20×100＋ 5 ×120＝2,600円となります。

なお、通常、問題文に記載されている売上の単価は（本問の場合は@￥160）売上金額に対する単価であるため、商品有高帳の記入には関係ありません。

② 商品有高帳の記入

　先入先出法の商品有高帳の記入は、図表104のとおりです。

【図表104　先入先出法の商品有高帳の記入例】

平成 ××年		摘　要	受入高			払出高			残高		
			数量	単価	金額	数量	単価	金額	数量	単価	金額
4	1	前月繰越	20	100	2,000				20	100	2,000
	16	仕　入	30	120	3,600				20	100	2,000
									30	120	3,600
	17	売　上				20	100	2,000			
						5	120	600	25	120	3,000
	18	仕　入	15	136	2,040				25	120	3,000
									15	136	2,040
	30	次月繰越				25	120	3,000			
						15	136	2,040			
			65		7,640	65		7,640			
5	1	前月繰越	25	120	3,000				25	120	3,000
			15	136	2,040				15	136	2,040

　月の最終日（4月30日）に次月繰越として一端在庫のすべてを払い出したとして処理します。同時に月の最初の日（5月1日）にすべての在庫を受け入れたものとして処理します。

　この処理を締切といいます。

　複数の単価がある場合には、記録は複数行をつかって単価ごとに記入します。

❹　移動平均法ってなんのこと

「移動平均法」とは、仕入れるたびに、新しい平均単価を計算し、それを次回の払出単価とする方法です。通常は下記の計算式で単価が決定されます。

【図表105　移動平均法の払出単価】

$$払出単価＝\frac{（仕入直前の在庫金額＋仕入金額）}{（仕入直前の数量＋仕入数量）}$$

① 払出単価の計算

次のような商品の入荷、出荷があったとして、4月17日の売上時の払出単価を求めてみましょう。

```
4月  1日  前月繰越  20個  @  ¥100  ¥2,000
    16日  仕入    30個  @  ¥120  ¥3,600
    17日  売上    25個  @  ¥160  ¥4,000
    18日  仕入    15個  @  ¥136  ¥2,040
```

4月16日に仕入れた時点で単価の計算を行います。
（¥2,000＋¥3,600）／（20個＋30個）＝@¥112
4月17日の売上商品の原価は、@¥112×25個＝¥2,800となります。

② 商品有高帳の記入

移動平均法の商品有高帳の記入は、図表106のとおりです。

【図表106　移動平均法の商品有高帳の記入例】

平成 ××年		摘 要	受入高			払出高			残高		
			数量	単価	金額	数量	単価	金額	数量	単価	金額
4	1	前月繰越	20	100	2,000				20	100	2,000
	16	仕　入	30	120	3,600				50	112	5,600
	17	売　上				25	112	2,800	25	112	2,800
	18	仕　入	15	136	2,040				40	121	4,840
	30	次月繰越				40	121	4,840			
			65		7,640	65		7,640			
5	1	前月繰越	40	121	4,840				40	121	4,840

注：4月18日の仕入時の単価の計算は
（¥2,800＋¥2040）／（25個＋15個）＝@¥121

月の最終日（4月30日）に次月繰越として一端在庫のすべてを払い出したとして処理します。同時に月の最初の日（5月1日）にすべての在庫を受け入れたものとして処理します。

この処理を締切といいます。

商品有高帳の記入は、まずは「先入先出法」で記入するのか、「移動平均法」で記入するのかについて、問題文等の指示を確認することが重要です。

図表104、図表106においては罫線の数は問題にあわせてありますが、実際の問題では、罫線があまる場合もあります。

さらに、指示がなくても、次月繰越、前月繰越については、記載することが必要となりますので、これらの形式については、暗記することが重要です。

記帳処理の三分法・分記法ってなに

Point

♤皆さんが、今処理している方法は、三分法と呼ばれる方法です。これは、「売上」「仕入」「繰越商品」の3つの勘定科目を利用する方法です。

♤その他の方法として、分記法、総記法と呼ばれる方法がありますが、これらの方法では、使用される勘定科目が異なります。

❶ 三分法・分記法ってなんのこと

商品売買の処理では、複数の記帳の方法があります。

皆さんが、今処理している方法は、三分法と呼ばれる方法です。商品を購入した際には「仕入」の勘定科目で、販売した際には「売上」の勘定科目で前期から残っていた商品を示す「繰越商品」の勘定科目で処理する方法です。

これら3つの勘定科目を使用することから「三分法」と呼ばれています。

三分法は、大量に商品を仕入れ販売を繰り返している業種には、仕訳や記帳の手間を省くために重宝されている記帳方法です。

しかし、この方法では、試算表の作成や決算処理を行わない限り、商品の販売だけの利益を把握することはできないという欠点も持っています。

一方で、宝石店など扱う商品の種類が少なく、また商品一品ずつどれだけの利益が出たかについて、確認したい業種もあります。

このような業種の記帳においては、分記法という方法で仕訳や記帳することがあります。

【図表107　三分法と分記法】

分記法では、商品を仕入れたときも、販売したときも「商品」という勘定科目で処理します。そして、販売した際の利益部分を「商品売買益」（収益）の勘定科目で処理します。利益部分を別に仕訳することから分記法と呼ばれています。

❷　三分法と分記法の処理の違いは

　三分法と分記法の処理を比較してみてみましょう。

① 　商品を仕入れたとき

取引　商品50,000円を仕入れ、代金は掛けとした。

三分法				分記法			
借　方		貸　方		借　方		貸　方	
仕　　入	50,000	買　掛　金	50,000	商　　　品	50,000	買　掛　金	50,000

　分記法では、「商品」という資産グループの勘定科目が増加したとします。

② 　商品を売ったとき

取引　上記の商品のうち30,000円を60,000円で売り上げ、代金は掛けとした。

三分法				分記法			
借　方		貸　方		借　方		貸　方	
売　掛　金	60,000	売　　上	60,000	売　掛　金	60,000	商　　　品	30,000
						商品売買益	30,000

　分記法では、商品の購入金額と販売した金額の差額は「商品売買益」（収益）の増加とします。

③ 　決算時

取引　決算の処理を行う期末商品の残高は、20,000円である。なお、前期からの繰越商品はなかった。

三分法				分記法
借　方		貸　方		
仕　　入	0	繰越商品	0	仕訳なし
繰越商品	20,000	仕　　入	20,000	

♡帳簿の記帳と仕訳処理にトライしてみよう

問題1

　神戸商店は、取引を記帳するにあたって、主要簿のほかに下記に示した補助簿を用いている。次の取引は、どの補助簿に記入されることになるか。下記の一覧表の該当する補助簿の番号を○で囲みなさい。

（第118回第2問改題）

1. 滋賀商店より商品￥500,000を仕入れ、滋賀商店あての約束手形を振り出して支払った。

2. 前期に得意先アメリカ商店が倒産し、その際に同店に対する売掛金￥70,000について貸倒処理をしていたが、本日￥10,000を現金にて回収した。

3. 三宮商店に商品￥1,000,000を売り上げ、代金のうち￥500,000は三宮商店振出の約束手形を受け取り、残額は掛けとした。なお、運送業者尼崎運輸に運賃￥5,000を小切手で支払ったが、当店と三宮商店とで半額ずつ負担することになっている。

4. 先日京都商店から仕入れた商品￥300,000に汚損があったので、同店に返品した。なお、代金は掛け代金から控除することにした。

	1.	2.	3.	4.
1. 現 金 出 納 帳	1	1	1	1
2. 当座預金出納帳	2	2	2	2
3. 仕 　 入 　 帳	3	3	3	3
4. 売 　 上 　 帳	4	4	4	4
5. 支払手形記入帳	5	5	5	5
6. 受取手形記入帳	6	6	6	6
7. 商 品 有 高 帳	7	7	7	7
8. 仕 入 先 元 帳	8	8	8	8
9. 得 意 先 元 帳	9	9	9	9

問題 2

　次のうち、大阪商店に対する取引を解答欄にある 8 月分の売掛金元帳に記入しなさい。さらに、大阪商店に係る売掛金元帳を 8 月31日付で締切りなさい。

8 月 1 日　売掛金の前月繰越高は ¥800,000 (大阪商店 ¥470,000、三宮商店 ¥230,000、神戸商店 ¥100,000) である。

　　8 日　大阪商店に商品 ¥140,000、三宮商店に商品 ¥200,000をそれぞれ掛けで販売した。

　　13日　8 月8日に大阪商店に販売した商品のうち ¥50,000が品質不良であったため返品された。

　　14日　大阪商店の売掛金 ¥100,000を、同店振出の約束手形で受け取った。

　　20日　三宮商店に対する売掛金のうち、¥80,000を、同店振出の約束手形で受け取った。

　　27日　大阪商店に対する売掛金のうち ¥300,000、三宮商店に対する売掛金のうち ¥150,000、神戸商店に対する売掛金のうち ¥100,000を、それぞれ小切手で回収した。

売 掛 金 元 帳
大阪商店

平成×年		適　　要	借　方	貸　方	借貸	残　高
8	1	前 月 繰 越				
9	1	前 月 繰 越				

　3月中の買掛金の取引の記録は、以下の買掛金勘定と買掛金元帳のとおりである。これらの記録から取引を推定し、①～⑫の中に適切な金額を答案用紙に記入しなさい。

総　勘　定　元　帳
買　　掛　　金

3/10	仕　　　　　入	（　①　）		3/1	前　月　繰　越		225,000	
15	当　座　預　金	350,000		8	仕　　　　　入	（　④　）		
22	仕　　　　　入	（　②　）		19	〃	（　⑤　）		
31	次　月　繰　越	（　③　）						
		（　⑥　）				（　⑥　）		

買　掛　金　元　帳

京都商店

3/10	返　品	3,500	3/1	前期繰越	135,000	
15	支払い	（⑦）	8	仕　入	175,000	
31	次月繰越	（⑧）				
		（⑨）			（⑨）	

滋賀商店

3/15	支払い	60,000	3/1	前月繰越	（⑪）	
22	値引き	2,500	19	仕　入	145,000	
31	次月繰越	（⑩）				
		（⑫）			（⑫）	

解答1

	1.	2.	3.	4.
1. 現 金 出 納 帳	1	①	1	1
2. 当座預金出納帳	2	2	②	2
3. 仕 入 帳	③	3	3	③
4. 売 上 帳	4	4	④	4
5. 支払手形記入帳	⑤	5	5	5
6. 受取手形記入帳	6	6	⑥	6
7. 商 品 有 高 帳	⑦	7	⑦	⑦
8. 仕 入 先 元 帳	8	8	8	⑧
9. 得 意 先 元 帳	9	9	⑨	9

解答2

売 掛 金 元 帳
大阪支店

平成13年		摘　　要	借　方	貸　方	借/貸	残　高
8	1	前 月 繰 越	470,000		借	470,000
	8	売 上	140,000		〃	610,000
	13	返 品		50,000	〃	560,000
	14	受 取 手 形		100,000	〃	460,000
	27	回 収		300,000	〃	160,000
	31	次 月 繰 越		160,000		
			610,000	610,000		
9	1	前 月 繰 越	160,000		借	160,000

解答3

①	②	③	④	⑤	⑥
3,500	2,500	189,000	175,000	145,000	545,000

⑦	⑧	⑨	⑩	⑪	⑫
290,000	16,500	310,000	172,500	90,000	235,000

♥超重要キーワード／帳簿これだけは覚えよう

① 帳簿

　帳簿には、必ず必要な帳簿（主要簿）とそれを助けるための帳簿（補助簿）があります。

主要簿	仕訳帳、総勘定元帳
補助簿	現金出納帳、手形記入帳、得意先元帳、仕入先元帳、売上帳、仕入帳、商品有高帳

　仕訳帳とは、取引の仕訳を日付順に記載する主要簿のことです。

　総勘定元帳とは、すべての勘定科目ごとの増減を記録したもので、最終的な借方と貸方の差額が、1年間のその勘定科目の残高になります。

② 補助簿と勘定科目の関係

名称	該当勘定科目
売上帳	売上
受取手形記入帳	受取手形
得意先元帳 （売掛金元帳）	売掛金
商品有高帳	仕入、売上

名称	該当勘定科目
仕入帳	仕入
支払手形記入帳	支払手形
仕入先元帳 （買掛金元帳）	買掛金

③ 商品有高帳

払出単価の計算方法 ─┬─（1）先入先出法
　　　　　　　　　　└─（2）移動平均法

（1）先入先出法

　　　先に入れた商品から先に販売されているはずという仮定に基づいて単価の計算をする方法

（2）移動平均法

　　　仕入れるたびに、新しい平均単価を計算し、それを次回の払出単価とする方法

$$払出単価＝\frac{（仕入直前の在庫金額＋仕入金額）}{（仕入直前の在庫数量＋仕入数量）}$$

12

次年度への準備

　1年間の取引の記録が終了すれば、報告書を作成することになります。報告書にも一定の作成方法があり、その作成方法に従って作成します。

　また、総勘定元帳をはじめ帳簿は、次年度にまた記録を開始できるように準備します。これを帳簿の締切といいます。

　ここでは、その締切について学習します。

アタック⑫

決算振替手続ってなに

Point

♤ 総勘定元帳を次期に利用できるようにする作業を帳簿の締切りといいます。

♤ 今期の決算処理が終了すれば、総勘定元帳を締め切るために、決算振替手続を行います。

♤ 決算振替手続には、「収益の振替」「費用の振替」「損益の繰越利益剰余金への振替」の３つがあります。

❶ 決算振替手続ってなんのこと

アタック９において、期中取引の終了した決算整理前残高試算表をもとに「決算整理手続」を行い、精算表上で、貸借対照表および損益計算書の数値を確認しました。

アタック９で行った決算整理仕訳も、仕訳帳を通じて、総勘定元帳に転記されています。いよいよ決算処理も大詰めを迎えます。

１年間の仕訳を蓄積してきた総勘定元帳を次期に利用できるように締切処理を行うとともに、外部に報告するための決算書を作成します。

まず、総勘定元帳を次期に利用できるようにします。この手続きのことを「決算振替手続」といいます。

決算振替手続は、図表108のように２つのステップで行われます。

【図表108　決算振替手続の２つのステップ】

決算振替手続の２つのステップ	① 損益計算書に属する収益グループおよび費用グループの残高を「損益」の勘定科目に振替える。
	② 「損益」の勘定科目の残高である、当期純利益（損失）を「繰越利益剰余金」の勘定科目に移し替える。

まず、総勘定元帳を締め切るためには、それ専用の仕訳を行わなければなりません。そのために、費用グループ、収益グループに属する勘定科目の残

高をすべて、決算振替手続用の勘定科目である「損益」という勘定科目に振り替えを行います。

　「損益」という勘定科目は、どのグループにも属しておらず、いわば、決算振替仕訳を行うための勘定科目です。

　次に、「損益」勘定も締切処理を行わなければなりません。そのため、「損益」の勘定科目の残高（言い換えれば、収益と費用の差額ですので、当期純利益になります）を繰越利益剰余金の勘定科目に振替を行います。

　これらの処理をＴ勘定を使って関係を図示すれば、図表109のようになります。

【図表109　決算振替手続の流れ】

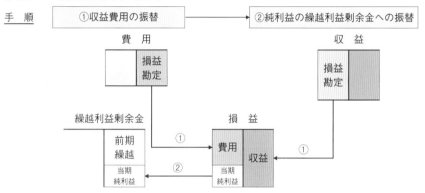

　それでは、決算振替手続の2つのステップを具体的に見てみましょう。

❷　収益、費用の振替

　損益計算書は、１年間の経営成績を集計することを目的としています。このため、決算が終了し損益計算書の残高が確定すれば、その役割は終了し、次年度の期首からまた新たに１年間の仕訳を集計していきます。

　このため、損益計算書に属する収益グループおよび費用グループに関しては、各勘定科目の残高をゼロにして、帳簿を締切ります。

　具体的には、総勘定元帳に決算専用の勘定科目として「損益」という勘定科目を設定し、収益グループおよび費用グループの各勘定科目の残高を「損益」勘定に振り替えます。

　その結果、各勘定科目の残高は０円になります。

例えば、「売上」の勘定科目であれば、

売	上	
	××	9,821,000

「売上」の勘定科目の残高は、貸方に9,821,000円であるとすれば

借	方	貸	方
売　　　　　上	9,821,000	損　　　　　益	9,821,000

という仕訳をすることになります。この結果、

売	上	
損益	9,821,000	×× 9,821,000

となり、借方の合計金額と貸方の合計金額が同額になり、残高は0円となります。

　次に、費用科目の例として「仕入」の勘定科目を見てみましょう。貸借は異なりますが、「売上」と同様に処理することとなります。

仕	入	
××	6,643,000	

「仕入」の勘定科目の残高は、借方に6,643,000円であるので、

借	方	貸	方
損　　　　　益	6,643,000	仕　　　　　入	6,643,000

という仕訳をすることになります。この結果、

仕	入	
×× 6,643,000	損益	6,643,000

となり、売上と同様、残高は0円となります。

　ここで、アタック9で行った決算処理の仕訳の各勘定科目を総勘定元帳に転記したあとの試算表を示すと、図表110のとおりになります。

　特にこの試算表は、決算整理もすべて終了していることから、「決算整理後残高試算表」と呼ばれています。

　この試算表をもとに、損益の振替仕訳をしてみましょう。

【図表110　決算整理後残高試算表】

決算整理後残高試算表
令和 2 年 12 月 31 日

借方残高	勘　定　科　目	貸方残高
1,655,500	現　　　　　　金	
3,250,000	当　座　預　金	
750,000	受　取　手　形	
450,000	売　　掛　　金	
987,000	有　価　証　券	
150,000	繰　越　商　品	
30,000	貯　　蔵　　品	
120,000	貸　　付　　金	
180,000	前　払　家　賃	
2,500	未　収　利　息	
24,000	前　払　保　険　料	
1,800,000	建　　　　　　物	
360,000	備　　　　　　品	
	支　払　手　形	180,000
	買　　掛　　金	600,000
	未　　払　　金	431,750
	借　　入　　金	600,000
	貸　倒　引　当　金	36,000
	建物減価償却累計額	180,000
	備品減価償却累計額	144,000
	前　受　家　賃	60,000
	未　払　利　息	2,000
	資　　本　　金	5,000,000
	売　　　　　　上	9,821,000
	受　取　家　賃	660,000
	受　取　利　息	19,000
6,643,000	仕　　　　　　入	
630,000	給　　　　　　料	
98,000	通　　信　　費	
119,750	旅　費　交　通　費	
120,000	消　耗　品　費	
60,000	支　払　家　賃	
72,000	支　払　保　険　料	
162,000	減　価　償　却　費	
32,000	貸　倒　引　当　金　繰　入	
12,000	支　払　利　息	
26,000	雑　　　　　　損	
17,733,750		17,733,750

次年度への準備
アタック⑫

① 収益の振替

借　　　方		貸　　　方	
売　　　　　上	9,821,000	損　　　　　益	10,500,000
受　取　家　賃	660,000		
受　取　利　息	19,000		

② 費用の振替

借　　　方		貸　　　方	
損　　　　　益	7,974,750	仕　　　　　入	6,643,000
		給　　　　　料	630,000
		通　信　　費	98,000
		旅　費　交　通　費	119,750
		消　耗　品　費	120,000
		支　払　家　賃	60,000
		支　払　保　険　料	72,000
		減　価　償　却　費	162,000
		貸　倒　引　当　金　繰　入	32,000
		支　払　利　息	12,000
		雑　　　　　損	26,000

　この結果、損益勘定をみてみると、図表110のようになります。

【図表111　損益勘定】

損		益	
仕　　　　　入	6,643,000	売　　　　　上	9,821,000
給　　　　　料	630,000	受　取　家　賃	660,000
通　信　　費	98,000	受　取　利　息	19,000
旅　費　交　通　費	119,750		
消　耗　品　費	120,000		
支　払　家　賃	60,000		
支　払　保　険　料	72,000		
減　価　償　却　費	162,000		
貸　倒　引　当　金　繰　入	32,000		
支　払　利　息	12,000		
雑　　　　　損	26,000		

　損益に属する勘定科目の損益への振替が行われた後の「損益」の勘定科目は、貸方側は収益となり、借方側は費用となります。

　なお、損益計算書の勘定式と「損益」の勘定科目は、ほとんど同一です。

❸ 当期純利益の繰越利益剰余金への振替

　1年間の収益から費用を差し引いたものが利益になります。利益は、次期に繰り越されて事業活動の基礎となります。

　そのために、「損益」を会社の手元に残っている利益の蓄積を示す「繰越利益剰余金」へ振り替える仕訳を行います。ここで、「損益」の勘定科目の残高は、収益の合計（「損益」の貸方合計）と費用の合計（「損益」の借方合計）の差額であり、当期の利益又は損失を意味しているといえます。したがって、「損益」の勘定科目の残高が0円になるように「繰越利益剰余金」への振替仕訳を行います。

　なお、当期の利益のことを「当期純利益」といい、当期の損失のことを「当期純損失」といいます。

　上記の例で「損益」の勘定科目の借方及び貸方の合計は、下の図のようになります。

よって収益から費用を引いて利益が計算されます。

当期純利益＝10,500,000−7,974,750＝2,525,250

この当期純利益を「繰越利益剰余金」の勘定科目に振替えます。

借　　　　方		貸　　　　方	
損　　　　益	2,525,250	繰越利益剰余金	2,525,250

この結果「損益」の勘定科目は、

損　　益

諸　　　　口	7,974,750	諸　　　　口	10,500,000
繰越利益剰余金	2,525,250		
	10,500,000		10,500,000

となり、残高はゼロとなります。

　「当期純利益」が１年間の収益から費用を差し引いた利益、いわば、１年間に稼いだ成果を示すものであるのに対して、「繰越利益剰余金」は、会社が設立して以降、事業活動を行うことで稼いだ利益のうち、会社の手元に残っているものと言えます。

　手元に残った「繰越利益剰余金」の使い道については諸々ありますが、代表的な使い方としては、会社に資金等の財産を投資した株主が、投資の見返りとして受け取る配当金があります。

　これに対して、費用の合計（「損益」の借方合計）が収益の合計（「損益」の貸方合計）を上回った場合、すなわち当期純損失となった場合は、「繰越利益剰余金」が減少したと考えます。

借　　　　方		貸　　　　方	
繰越利益剰余金	×××	損　　　　益	×××

　純資産までの振替手続が終了すれば、収益グループ、費用グループに属する勘定科目はすべて、貸借が一致することになり、残高は０円となります。

｜一口メモ｜ 損益勘定への振替の意味

　会社は、永続的に存続することを目的として日々活動しています。アタック１にも記述しましたが、会社の状況を把握するために、１年という区切りをつくって、損益の計算を行い報告書を作成しています。

　言い換えれば、１年に１回資料の整理をして、新たな気持ちで次の１年の経営をするような感じです。

　このためには、総勘定元帳も次年度に使えるように整理しておく必要があります。このため、１年間でたまってきた収益グループ、費用グループの各勘定科目は、残高をゼロにしておく必要があります。

　一方で、総勘定元帳は仕訳を通じて転記されるルールがあることから、損益という勘定科目を使って仕訳をしているのです。そして、その損益勘定も最終的にゼロにするために、言い換えれば当期の利益を次期の活動の原資として計上するために、繰越利益剰余金への振替を行っています。

---

❹ 資産・負債・純資産の勘定科目の締切りは

次に、貸借対照表は、決算日現在の財政状態を示すことを目的としています。１年間の活動を通じて、最終的にこれだけの財産が残ったということを示しています。この財産は、次期からの事業活動で利用されます。

決算日は、次期の期首でもあることから、貸借対照表に属する、資産グループ、費用グループ、純資産グループの残高は、そのまま次期の期首の数値として帳簿の締切を行います。

具体的には、残高（貸借差額）について、「摘要欄」に「次期繰越」と記入して、その金額を入れることで、貸借の合計が一致することになります。

この手続が終了すれば、すべての勘定科目の貸借は一致しますので、貸借の合計を記載して、各勘定科目を締め切ります。

なお、締切り後は、資産グループ、費用グループ、純資産グループの勘定科目については、締切線の次の行に翌期首の日付で「前期繰越」の記入を行い、翌期の取引の仕訳の転記に備えることになります。

これらの帳簿の締切手続を英米式決算法といいます。

【図表112　資産・負債・純資産の締切り】

資産グループ（ex 現金）

××	××
	次期繰越 1,655,500
×,×××,×××	×,×××,×××
前期繰越 1,655,500	

負債グループ（ex 支払手形）

××	××
次期繰越 180,000	
	前期繰越 180,000

繰越利益剰余金

次期繰越 2,525,250	
	損益　　 2,525,250
2,525,250	2,525,250
	前期繰越 2,525,250

❺ 繰越試算表の作成

　締切手続が適切に行われているか、チェックするために「繰越試算表」を作成します。

　資産グループ、負債グループ、純資産グループの勘定科目の「前期繰越」の金額で試算表を作成します。

【図表113　繰越試算表】

繰 越 試 算 表
令和 2 年 12 月 31 日

借方残高	勘 定 科 目	貸方残高
1,655,500	現　　　　　　金	
3,250,000	当　座　預　金	
750,000	受　取　手　形	
450,000	売　　掛　　金	
987,000	有　価　証　券	
150,000	繰　越　商　品	
30,000	貯　　蔵　　品	
120,000	貸　　付　　金	
180,000	前　払　家　賃	
2,500	未　収　利　息	
24,000	前　払　保　険　料	
1,800,000	建　　　　　物	
360,000	備　　　　　品	
	支　払　手　形	180,000
	買　　掛　　金	600,000
	未　　払　　金	431,750
	借　　入　　金	600,000
	貸　倒　引　当　金	36,000
	建物減価償却累計額	180,000
	備品減価償却累計額	144,000
	前　受　家　賃	60,000
	未　払　利　息	2,000
	資　　本　　金	5,000,000
	繰　越　利　益　剰　余　金	2,525,250
9,759,000		9,759,000

報告書ってなに・どう作成すればいい

Point

♤試算表は、「貸借対照表」部分と「損益計算書」部分に分かれます。

♤試算表の勘定科目と報告書の勘定科目が違う場合があります。

♤評価勘定科目は、対応資産の控除形式で記載します。

❶ 試算表から、報告書への手順をつかもう

１年間を通じて、総まとめとしての決算書を作成します。

公表される決算書には、報告式と勘定式の２種類がありますが、簿記３級では、勘定式という様式に基づいて作成されます。

決算書の作成においては、総勘定元帳の残高一覧表である「決算整理後残高試算表」から貸借対照表及び損益計算書を作成します。

「決算整理後残高試算表」は、図表114のように各グループごとに勘定科目と残高が記載されています。これらを上下に2つに分解して決算書を作成します。

【図表114　決算整理後残高試算表】

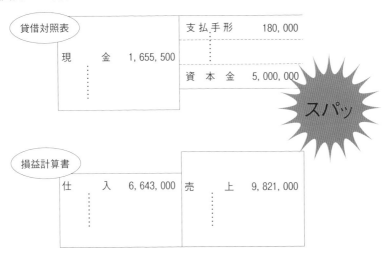

次年度への準備アタック⑫

「決算整理後残高試算表」より、資産グループ、負債グループ、純資産グループに属する勘定科目の残高は、貸借対照表に、収益グループ、費用グループに属する残高は、損益計算書にそれぞれの勘定科目と金額を当てはめていきます。

　しかし、試算表は、あくまでも企業の取引の仕訳を集計したものです。このため、仕訳で使用された勘定科目を使用しています。

　決算書はさまざまな人が利用します。このため、決算書を作成する際には標準的な様式にあうようにいくつか変更しなければならない点があります。

　簿記の3級においては、おおむね次の①②③の3つの点に注意して決算書を作成することになります。

① 勘定科目の名前を変更する

　勘定科目は、社内で利用していたものから、報告書作成用のものに変更するものがあります。これらは、1つのルールとして、覚えなければなりません。

　簿記3級で主なものは、図表115のようになります。

【図表115　簿記 3 級程度の主な勘定科目】

試算表上	損益計算書	理　　由
仕　　入　➡	売 上 原 価	決算処理で、売上原価を計算するために、仕訳では「仕入」の勘定科目を一時的に利用していました。 　なお、決算処理で「売上原価」の勘定科目を利用していた場合は、この変換は不要です。

試算表上	貸借対照表	理　　由
繰 越 商 品　➡	商　　　品	試算表上では、次期へ繰り越すための商品という名目で勘定科目を利用しています。 　しかし、貸借対照表は期末時点で資産の状況を示す報告書であるため、「商品」が利用されます。

試算表上	貸借対照表	理　　由
現　　金 当座預金　➡	現 金 預 金	現金も当座預金も会社にとっては大きな意味ではお金であり、保管場所の違いと考えられています。 　貸借対照表ではそれらをまとめて大きな意味でのお金を示しています。

② 評価勘定科目の記載

　貸借対照表は、決算日現在の各資産の状況を示さなければなりません。決算整理手続きにおいて、貸倒引当金の設定や、減価償却費の計上等を行い資産の評価を行いました。

　これらの処理に用いられた「貸倒引当金」の勘定科目や「減価償却累計額」の勘定科目は、資産のマイナス（資産評価勘定科目ともいいます）という意味で、便宜上負債グループとして処理してきました。

　このため、報告書を作成する際には、負債グループとしてではなく、「貸倒引当金」は「売掛金」、「受取手形」のマイナスとして、「減価償却累計額」は「建物」等の有形固定資産のマイナスとして、表示しなければなりません。

　なお、控除した残高を明確にするために、控除後の残高も記載します。

　評価勘定の記載方法は図表116のようになります。

【図表116　資産の評価勘定科目】

項　目	説　明
(a)　貸倒引当金	貸倒引当金は、売掛金や受取手形等の債権の回収できない部分をあらかじめ、控除するために計上したものですから、貸借対照表上では、当然売掛金や受取手形等の債権から控除する形で記載するとともに、控除された残高も合わせて貸借対照表に記載します。 受　取　手　形　750,000 売　　掛　　金　450,000 貸　倒　引　当　金　△36,000　1,164,000
(b)　減価償却累計額	減価償却累計額は、建物や備品の価値の減少分を控除する減価償却費の累計額で、当該資産の価格を控除してその帳簿価額を示します。 　このため、建物や備品から控除する形で記載するとともに、その残高を記載します。 建　　　　　物　1,800,000 建物減価償却累計額　△180,000　1,164,000 備　　　　　品　360,000 備品減価償却累計額　△144,000　216,000

③ 当期純利益の記載

　「当期純利益」および「当期純損失」は、1年間の営業活動の結果として

重要な項目です。このため、決算書においては、「当期純利益」又は「当期純損失」という項目を設けて、その金額を明らかにします。

　損益計算書においては、「当期純利益」の場合には、費用項目の一番下に、「当期純損失」の場合には、収益項目の一番下にその金額を記載します。この処理により、損益計算書の借方合計と貸方合計は一致します。

　次に、貸借対照表においては、「資本金」のしたに決算振替手続により、「当期純利益（損失の場合は当期純損失）」を加算（損失の場合は減算）した「繰越利益剰余金」を記載します。

　なお、「繰越利益剰余金」がマイナスの場合には、マイナス表示をします。

　これにより、貸借対照表の借方合計と貸方合計は一致します。

❷　報告書の完成

　上記の注意点を考慮して、作成すれば、報告書は完成となります。

　なお、報告書はさまざまな人が利用するためのものですから、勘定科目や数字だけでなく、体裁もキチンとしなければなりません。

⑴　報告書のタイトルは「貸借対照表」「損益計算書」と明記します。

⑵　いつの報告書かを報告書のタイトルの下に記載します。

　　貸借対照表は期末時点の財産の状況を示すわけですから、期末の日付がかかれます。損益計算書は一定期間の収益、費用の状況を示すわけですから、期首の日付と期末の日付が記載されます。

⑶　報告書のタイトルの右に金額の単位を記載します。会社が大きくなるにつれ、円単位で報告書を作成すると利用者が報告書を見えづらく感じることがあります。そのため、報告書を千円単位、百万円単位で作成することもあるので、誤解が生じないよう単位は必ず記載しましょう。

⑷　勘定式報告書の場合は、金額の合計を記載します。当然のことですが、借方の合計と貸方の合計は一致します。

　　なお、締切線の上に空白の欄があれば、斜線でその欄を記入できないようにします。

　　では、前述の試算表の例に基づいて作成された報告書をみてみましょう。

貸借対照表
令和 XX年12月31日　　　　　　　　　　　　　（単位：円）

資産	金	額	負債および純資産	金	額
現　　　　　金		4,905,500	支　払　手　形		180,000
受　取　手　形	750,000		買　　掛　　金		600,000
売　　掛　　金	450,000		未　　払　　金		431,750
貸 倒 引 当 金	△36,000	1,164,000	借　　入　　金		600,000
有　価　証　券		987,000	前　受　家　賃		60,000
商　　　　　品		150,000	未　払　利　息		2,000
貯　　蔵　　品		30,000	資　　本　　金		5,000,000
貸　　付　　金		120,000	繰越利益剰余金		2,525,250
未　収　利　息		2,500			
前　払　家　賃		180,000			
前　払　保　険　料		24,000			
建　　　　　物	1,800,000				
建物減価償却累計額	△180,000	1,620,000			
備　　　　　品	360,000				
備品減価償却累計額	△144,000	216,000			
		9,399,000			9,399,000

損益計算書
令和 XX年1月1日から12月31日まで　　　　　　（単位：円）

費用	金	額	収益	金	額
売　上　原　価		6,643,000	売　　　　　上		9,821,000
給　　　　　料		630,000	受　取　家　賃		660,000
通　　信　　費		98,000	受　取　利　息		19,000
旅　費　交　通　費		119,750			
消　耗　品　費		120,000			
支　払　家　賃		60,000			
支　払　保　険　料		72,000			
減　価　償　却　費		162,000			
貸倒引当金（繰入）		32,000			
支　払　利　息		12,000			
雑　　　　　損		26,000			
当　期　純　利　益		2,525,250			
		10,500,000			10,500,000

次年度への準備
アタック⑫

♥超重要キーワード／次年度への準備これだけは覚えよう

① 決算振替手続

決算振替手続は、次の3つのステップで行います。

① 全ての費用グループの勘定科目を「損益」の勘定科目に移し替えること。

② 全ての収益グループの勘定科目を「損益」の勘定科目に移し替えること。

③ 「損益」の勘定科目の残高である、当期純利益（損失）を「繰越利益剰余金」の勘定科目に移し替えること。

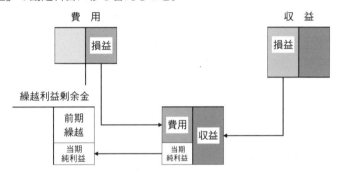

② 帳簿の締切り

総勘定元帳を、次期に利用できるように仕訳を行います。

① 費用、収益グループ

決算振替手続きですべての勘定科目の締切が行われます。

② 資産、負債、純資産グループ

資産・負債・純資産の勘定の締切りには「次期繰越」の語句を朱記します。

締切った後、「次期繰越」とは反対側に「前期繰越」と記入します。

また、締切りがきちんとできているか「繰越試算表」を作成します。

③ 報告書の作成

試算表や精算表から、報告するための財務諸表です。

貸借対照表、損益計算書を作成します。

報告書を作成にあたって、2つに注意します。

① 試算表で利用していた勘定科目を報告書用の勘定科目に変更する。

② 評価勘定は、資産の控除項目として表示する。

勘定科目一覧表

貸借対照表

	負債
資産	純資産

損益計算書

費用	収益

勘定科目一覧表

貸 借 対 照 表 | 損 益 計 算 書

資産グループ	負債グループ	費用グループ	収益グループ
現　　　　金	支 払 手 形	仕　　　　入	売　　　　上
小 口 現 金	買 　掛 　金	売 上 原 価	商品売買益
当 座 預 金	借 　入 　金	給　　　　料	受 取 利 息
受 取 手 形	手 形 借 入 金	法 定 福 利 費	受 取 家 賃
電子記録債権	当 座 借 越	貸 倒 損 失	受 取 手 数 料
売 　掛 　金	未 　払 　金	貸倒引当金繰入	雑　　　　益
クレジット売掛金	預 　り 　金	減 価 償 却 費	固定資産売却益
繰 越 商 品	前 　受 　金	支 払 保 険 料	貸倒引当金戻入
貯 　蔵 　品	仮 　受 　金	支 払 家 賃	償却債権取立益
貸 　付 　金	建物減価償却累計額	支 払 手 数 料	
手 形 貸 付 金	備品減価償却累計額	消 耗 品 費	
未 収 入 金	貸 倒 引 当 金	租 税 公 課	
仮 　払 　金	未 払 利 息	通 　信 　費	
前 　払 　金	前 受 家 賃	旅 費 交 通 費	
立 　替 　金	仮 受 消 費 税	水 道 光 熱 費	
受 取 商 品 券	未 払 消 費 税	発 　送 　費	
建　　　　物	未 払 法 人 税 等	広 告 宣 伝 費	
備 　　　品	未 払 配 当 金	雑　　　　費	
車 両 運 搬 具	**純資産グループ**	雑　　　　損	
前 払 保 険 料	資 　本 　金	支 払 利 息	**その他**
未 収 利 息	利 益 準 備 金	法人税・住民税及び事業税	現 金 過 不 足
仮 払 消 費 税	繰越利益剰余金	固定資産売却損	損　　　　益
仮 払 法 人 税 等			

　商売は、儲けるために行っていることから、株式会社は、営利社団法人ともいわれます。儲かっているのか否かについて、記録するツールとして簿記の仕組みがあると本書にも記載されていますが、簿記は商売をお金の記録から支えているのです。

　よくお金には、色はないといいますが、簿記はお金に色を付ける作業とも言えます。

　会社に入金されるお金としては、売上や受取利息などの儲けの他、銀行からの借入、株主からの出資などがあります。また、貸付金等の返金もあります。

　一方出金は、儲けるために使ったいわゆる費用の他、固定資産などの購入や、貸付、借入金の返済などがあります。

　簿記では、入金、出金を区分整理するために勘定科目を利用します。

　簿記を学習するうえで、まず考えることは、なぜお金を払ったのか？もしくは、なぜお金をもらったのか？　を判断して勘定科目におきかえ、記録（仕訳）を行います。

　仕訳は、会社のお金や財産の動きを１つずつ記録するツールですので、仕訳を見ることで、会社の行動のすべてを見ることができます。

　その結果として、決算書が作成され、決算日時点の会社の状況の報告書として作成されます。

　このように、世の中に公表されている決算書に裏には、膨大な数の仕訳がなされていることになります。

　「取引の状況を思い浮かべながら仕訳を切る」これが、会計の醍醐味の１つと考えています。

　簿記検定は、あくまでも検定ですが、この試験に合格することで、その先にあるもっと大きな会計の世界へとつながっていく入口であると信じています。

　簿記は、「仕訳に始まり、仕訳に終わる」自分の思いのまま、仕訳が連想できるように、頑張っていただきたいと思っています。

　皆様の合格を信じて。

著者略歴

倉島　進（公認会計士・税理士）

昭和 42 年　兵庫県神戸市生まれ
平成 4 年　高崎経済大学　経済学部　経営学科　卒業
平成 6 年　監査法人　トーマツ　入所
平成 10 年　公認会計士 3 次試験合格
平成 13 年　株式会社ブレイン　設立　代表取締役　就任
平成 16 年　神戸松蔭女子大学　非常勤講師　現在

監査法人トーマツ時代に、法廷監査、経営コンサルタント業務を担当する。特に、連結決算に対する体制づくりの支援のほか、事業計画策定支援、社内改善プログラムの企画作成支援業務を担当している。
株式会社ブレインの設立を機に、ベンチャー企業等の設立支援及び、儲かる企業をめざしての財務体制、組織体制、マーケティング支援等社内内部管理体制改善支援を実施している。
著書として、『いまさら人に聞けない減価償却の会計・税務 Q&A』『いまさら人に聞けないリース取引の法律・会計・税務 Q&A』（以上ブレイン共著、セルバ出版）がある。

川田　崇之（公認会計士・税理士）

昭和 55 年　東京都世田谷区生まれ
平成 15 年　慶應義塾大学　経済学部卒業
平成 15 年　朝日監査法人（現 有限責任あずさ監査法人）入所
平成 19 年　公認会計士登録
平成 29 年　川田公認会計士事務所設立

監査法人時代に、一般事業会社のほか、公益法人や国立大学法人などのパブリック分野における法定監査業務に従事するとともに、決算体制や内部監査といった内部管理体制の構築支援業務を担当する。
個人事務所設立後は、一般事業会社や医療法人に対する会計支援及び税務書類作成業務のほか、組織の見直しに関する支援業務や財団法人に対する公益認定支援業務などを実施している。

中村　智佐（公認会計士・税理士）

昭和 59 年　大阪府大阪市生まれ
平成 18 年　新日本監査法人（現 EY 新日本有限責任監査法人）入所
平成 19 年　大阪大学　経済学部経済・経営学部卒業
平成 22 年　公認会計士登録
平成 23 年　アクセンチュア株式会社入社
平成 25 年　中村智佐公認会計士事務所設立
平成 31 年　神戸松蔭女子大学院大学非常勤講師

新日本監査法人時代に法定監査、外資系子会社監査、英文財務諸表作成業務を担当し、特に連結監査に特化。
アクセンチュア株式会社では国際会計基準導入支援、グループ子会社管理のコンサルティング等を担当。
個人事務所設立を機に、上場企業に対して連結子会社管理業務の改善及びシステム導入のコンサルティングや国際会計基準導入支援を実施するほか、中小企業の会計・税務面の支援を行っている。

改訂新版 知る・わかる・うかる はじめての簿記入門

2009年 3 月19日　初版発行	2010年 3 月31日　第 2 刷発行
2012年 6 月29日　改訂新版発行	
2013年12月16日　改訂 2 版発行	
2017年 3 月17日　改訂 3 版発行	2018年 8 月16日　第 2 刷発行
2020年 3 月27日　改訂 4 版発行	
2020年 8 月24日　改訂 5 版発行	2023年 2 月 2 日　第 3 刷発行

著　者　倉島　　進　©Susumu Kurashima

　　　　川田　崇之　©Takayuki Kawada

　　　　中村　智佐　©Chisa Nakamura

発行人　森　　忠順

発行所　株式会社セルバ出版
　　　　〒113-0034
　　　　東京都文京区湯島 1 丁目12番 6 号 高関ビル 5 B
　　　　☎ 03(5812)1178　FAX 03(5812)1188
　　　　http : //www.seluba.co.jp/

発　売　株式会社三省堂書店／創英社
　　　　〒101-0051
　　　　東京都千代田区神田神保町 1 丁目 1 番地
　　　　☎ 03(3291)2295　FAX 03(3292)7687

　　　　印刷・製本　株式会社丸井工文社

Printed in JAPAN
ISBN978-4-86367-686-2